I segreti dei banchieri

In che modo le banche controllano la nostra vita finanziaria?

Contenuti

Storia ed evoluzione delle banche

Le prime banche

Le prime banche risalgono a diversi millenni prima dell'era moderna, nelle civiltà della Mesopotamia, dell'Egitto e della Grecia antica. Tuttavia, queste banche erano molto diverse da quelle che conosciamo oggi.

Le banche dell'Antichità avevano funzioni simili a quelle delle banche moderne, come la gestione dei depositi, dei prestiti e delle operazioni di cambio. Tuttavia, la loro attività era basata sullo scambio di beni e metalli preziosi anziché sulla moneta. Inoltre, le banche erano spesso di proprietà di ricchi mercanti o di templi religiosi.

Nel Medioevo, i banchieri italiani fondarono le prime banche moderne. I mercanti italiani iniziarono a utilizzare le lettere di credito per agevolare gli scambi commerciali tra le diverse regioni europee. Queste lettere di credito consentivano ai mercanti di trasferire fondi da un conto all'altro senza dover trasportare monete.

Nel corso dei secoli successivi, le banche si sono evolute diventando istituzioni più formali e regolamentate. Le banche centrali sono state create per contribuire alla stabilizzazione delle economie nazionali, mentre le banche commerciali hanno iniziato ad offrire una gamma più ampia di servizi finanziari, come prestiti ipotecari e carte di credito.

Le grandi crisi bancarie hanno anche avuto un impatto

significativo sulla storia delle banche. La crisi finanziaria del 1929 negli Stati Uniti ha portato al fallimento di numerose banche e ha portato alla creazione della Federal Deposit Insurance Corporation (FDIC), un sistema di assicurazione dei depositi che garantisce i depositi bancari fino ad un certo limite. Nel 2008, la crisi finanziaria globale ha messo in evidenza i rischi significativi associati all'attività bancaria, come i prestiti ad alto rischio e complessi prodotti derivati.

La nascita delle banche moderne

La nascita delle banche moderne rappresenta un momento chiave nella storia economica e finanziaria. Questo avvenne alla fine del Medioevo, quando i primi scambi commerciali internazionali iniziarono a svilupparsi. In quel periodo, i mercanti avevano bisogno di finanziare le loro operazioni commerciali, ma non potevano farlo utilizzando il proprio capitale. Così nacquero le prime banche.

Queste banche erano spesso aziende familiari, gestite da mercanti ricchi e influenti. Iniziarono ad offrire servizi finanziari come la gestione dei depositi, i trasferimenti di denaro e i prestiti commerciali. Le banche moderne cominciarono anche ad emettere banconote, che spesso erano convertibili in oro o argento.

Le banche moderne conobbero un notevole sviluppo a partire dal XVIII secolo, con la crescita della rivoluzione industriale e dell'economia di mercato. Le banche si diversificarono velocemente, offrendo servizi come la gestione del patrimonio, i prestiti ipotecari e le assicurazioni.

Una delle trasformazioni più significative nel settore bancario moderno è stata la creazione delle banche centrali. Queste istituzioni sono state create per regolare l'offerta di denaro nell'economia e prevenire le crisi finanziarie. Le prime banche centrali furono fondate nel XVII secolo in Europa, ma ebbero una notevole espansione nel XX secolo, con la creazione della Federal Reserve negli Stati Uniti e della Banca centrale europea.

L'avvento dell'informatica e delle tecnologie digitali ha trasformato anche il settore bancario moderno. Le banche hanno iniziato ad offrire servizi online e ad utilizzare tecnologie come la blockchain per migliorare la sicurezza e la velocità delle transazioni. Le banche hanno anche dovuto adeguarsi alle nuove regolamentazioni legate alla cybersecurity e alla protezione dei dati personali.

Le grandi crisi bancarie e finanziarie

Le grandi crisi bancarie e finanziarie hanno segnato la storia dell'economia mondiale e hanno profondamente influenzato i sistemi finanziari dei paesi. Hanno anche avuto ripercussioni sulla vita quotidiana dei cittadini comuni. La più famosa di queste è la crisi del 1929, che ha portato alla Grande Depressione e ha avuto un impatto mondiale.

La crisi del 1929 è stata causata da una bolla speculativa sui mercati azionari e da una sovrapproduzione nell'industria. Quando la bolla è scoppiata, molti investitori hanno perso tutto il loro denaro e le aziende hanno dovuto licenziare massa di lavoratori. Ciò ha portato a una riduzione della domanda di beni e servizi, causando una recessione economica globale.

Più recentemente, la crisi finanziaria globale del 2008 è stata causata da una bolla immobiliare negli Stati Uniti, dove le banche concedevano prestiti ipotecari a persone che non potevano permettersi di rimborsarli. Questi prestiti sono stati raggruppati in complessi strumenti finanziari chiamati «subprime» e venduti sui mercati finanziari di tutto il mondo. Quando la bolla immobiliare è scoppiata e i prestiti hanno iniziato a non essere ripagati, le banche hanno subito ingenti perdite, innescando una crisi di fiducia nel sistema finanziario mondiale.

Queste crisi hanno messo in evidenza l'importanza di una regolamentazione e una sorveglianza efficace del settore bancario. Dalla crisi del 2008, sono state intraprese numerose riforme per rafforzare la regolamentazione e la vigilanza delle banche. Le norme prudenziali, come gli accordi di Basilea, sono state rafforzate per migliorare la solvibilità e la liquidità delle banche. Sono stati anche istituiti sistemi di garanzia dei depositi e di risoluzione delle crisi per proteggere i clienti e i contribuenti.

È importante notare che le crisi finanziarie non sono inevitabili e la stabilità finanziaria può essere preservata attraverso una regolamentazione e una sorveglianza adeguate. Le banche svolgono un ruolo cruciale nell'economia, finanziando imprese e famiglie, creando moneta e fornendo servizi finanziari essenziali. È quindi fondamentale mantenere un sistema bancario solido e stabile per garantire una crescita economica sostenibile e la prosperità per tutti.

Ruolo e funzioni delle banche nell'economia

Interconnessione con il sistema economico globale

Le banche sono attori chiave del sistema economico mondiale. Interagiscono con le imprese, i privati e i governi per fornire servizi finanziari essenziali come il finanziamento dell'economia, la gestione della moneta e la protezione dai rischi finanziari. Il loro ruolo nel sistema economico è cruciale in quanto sono responsabili della creazione e della circolazione della moneta, che costituisce la base di tutte le transazioni economiche.

Le banche interagiscono con l'economia globale in diverse modalità. In primo luogo, offrono servizi finanziari alle imprese e ai privati che operano all'interno delle economie locali, regionali e globali. Le banche commerciali forniscono prestiti e crediti per aiutare le imprese a avviarsi e crescere, mentre le banche d'investimento offrono servizi di consulenza e finanziamento alle grandi aziende che cercano di espandersi a livello globale.

Le banche interagiscono anche con i governi, acquistando titoli di stato e partecipando a programmi di finanziamento per aiutare i governi a finanziare progetti infrastrutturali e sostenere l'economia. Le banche centrali svolgono un ruolo particolarmente importante nell'interconnessione con il sistema economico globale in quanto sono responsabili della politica monetaria e della stabilità finanziaria. Intervengono nei mercati per regolare l'inflazione e la crescita economica, nonché per mantenere la stabilità finanziaria durante periodi di crisi.

Le banche interagiscono anche con i mercati finanziari globali. Le banche d'investimento sono importanti attori dei mercati finanziari, dove acquistano e vendono azioni, obbligazioni e strumenti derivati. Le banche commerciali utilizzano i mercati finanziari per finanziarsi e gestire i rischi legati alle loro attività. Le banche centrali interagiscono anche con i mercati finanziari attraverso l'acquisto e la vendita di attività per regolare l'inflazione e la crescita economica.

Infine, le banche interagiscono con altri attori del sistema economico globale, come istituzioni finanziarie internazionali, enti di regolamentazione e organismi di vigilanza. Ad esempio, le banche di sviluppo collaborano con istituzioni finanziarie internazionali per fornire finanziamenti a lungo termine ai paesi in via di sviluppo. Gli organismi di regolamentazione e vigilanza collaborano con le banche per garantire la trasparenza, la governance e la sicurezza finanziaria nel sistema economico globale.

Creazione e gestione della moneta

La creazione e la gestione della moneta sono al centro del funzionamento delle banche. Le banche creano moneta concedendo prestiti a privati e imprese, garantendo nel contempo una rigorosa gestione del proprio bilancio.

Questa creazione di moneta è un processo complesso
che coinvolge diversi attori, tra cui banche centrali, enti di
regolamentazione e governi.

Le banche commerciali sono i principali attori della creazione
di moneta. Creano moneta ogni volta che concedono prestiti,
registrando l'importo corrispondente sul conto del cliente.
Infatti, quando una banca concede un prestito, non ha
bisogno di avere i fondi corrispondenti in proprio possesso.
Invece, può creare moneta registrando semplicemente
l'importo corrispondente sul conto del cliente. Questo è ciò
che si definisce creazione di moneta scripturale.

Questa creazione di moneta ha un impatto significativo
sull'economia, poiché consente di finanziare investimenti e
progetti che stimolano la crescita economica. Tuttavia, può
anche avere conseguenze negative, soprattutto in caso di
crisi economica o finanziaria. Pertanto, le banche devono
essere prudenti nella gestione della moneta, bilanciando il
rischio e la redditività.

Le banche centrali svolgono un ruolo cruciale nella gestione
della moneta. Sono incaricate di regolare la quantità di
moneta in circolazione nell'economia, fissando i tassi di
interesse e conducendo operazioni sui mercati finanziari.
Sono anche responsabili della stabilità finanziaria e della
protezione dei consumatori.

Anche gli enti di regolamentazione giocano un ruolo
importante nella gestione della moneta. Si assicurano che
le banche rispettino gli standard di trasparenza, governanza
e sicurezza finanziaria, imponendo requisiti di capitale e

monitorando i rischi di credito, di mercato e operativi.

Infine, i governi svolgono un ruolo chiave nella gestione della moneta, in particolare nel determinare politiche economiche volte a stimolare la crescita, ridurre l'inflazione e proteggere i consumatori.

Finanziamento dell'economia

Il finanziamento dell'economia è una delle principali missioni delle banche. Le banche offrono prestiti e crediti per aiutare imprese, privati e governi ad investire in progetti e sviluppare le proprie attività. Le banche fungono da intermediari tra risparmiatori e mutuatari, raccogliendo depositi e utilizzandoli per finanziare progetti redditizi.

Le banche commerciali sono le principali fonti di finanziamento per le imprese. Concedono crediti a breve termine per soddisfare le esigenze giornaliere di tesoreria, nonché crediti a medio e lungo termine per finanziare progetti di investimento. Le banche di sviluppo sono anche importanti per finanziare progetti a lungo termine, come infrastrutture pubbliche e progetti sociali.

Le banche centrali svolgono anche un ruolo cruciale nel finanziamento dell'economia, stabilendo i tassi di interesse e attuando politiche monetarie per regolare l'attività economica. Le banche centrali possono anche fornire prestiti di emergenza alle banche commerciali in caso di crisi finanziaria.

Le banche d'investimento forniscono finanziamenti alle grandi imprese e ai governi attraverso l'emissione di obbligazioni e azioni sui mercati finanziari. Offrono anche consulenza per fusioni e acquisizioni e ristrutturazione aziendale.

Le banche cooperative sono istituzioni finanziarie che appartengono ai loro membri e sono gestite da loro. Offrono servizi bancari e crediti a tassi di interesse vantaggiosi per sostenere piccole imprese e agricoltori.

Le banche online e le neobanche sono nuovi attori nel mercato del finanziamento dell'economia. Offrono servizi bancari a costi ridotti e facilitano l'accesso al finanziamento per privati e piccole imprese.

Il finanziamento dell'economia è fondamentale per stimolare la crescita economica e l'innovazione. Le banche svolgono un ruolo cruciale fornendo fondi per progetti di investimento. Tuttavia, le banche devono gestire i rischi di credito e di mercato per garantire la stabilità finanziaria. Gli enti di regolamentazione finanziaria vigilano sul rispetto da parte delle banche degli standard di trasparenza e governance per proteggere depositanti e investitori.

I diversi tipi di banche

Banche commerciali

Le banche commerciali sono istituti finanziari che offrono servizi bancari di base a persone e aziende. Sono regolamentate da rigorose normative per garantire la sicurezza dei depositi e la stabilità del sistema finanziario.

Le banche commerciali svolgono un ruolo cruciale nell'economia, mobilitando depositi per finanziare prestiti a debitori, sia privati che aziendali. Infatti, queste banche raccolgono i depositi dei clienti per poi utilizzarli per concedere prestiti e generare interessi.

I servizi bancari offerti dalle banche commerciali includono conti correnti e di risparmio, prestiti e crediti, carte di credito, servizi di pagamento e moneta elettronica. I clienti possono accedere a questi servizi tramite diversi canali di distribuzione come bancomat, filiali fisiche e piattaforme online.

Le banche commerciali sono anche tenute a gestire i rischi legati alle loro attività. Questo include il rischio di credito, che è il rischio che i debitori non rimborsino i loro debiti, così come il rischio di mercato, il rischio operativo, il rischio di liquidità, il rischio di tasso di interesse e il rischio di cambio.

Le banche commerciali sono regolate e monitorate da autorità di regolamentazione nazionali e internazionali, che si assicurano che queste istituzioni rispettino gli standard di trasparenza e governance. Gli organismi di regolamentazione prudenziale come Basilea I, II e III sono stati creati per rafforzare la solidità finanziaria delle banche e ridurre al minimo i rischi sistemici.

Le banche commerciali sono spesso criticate per la loro mancanza di trasparenza e responsabilità sociale limitata. Tuttavia, alcune banche hanno adottato pratiche di finanza responsabile e investimento socialmente responsabile (ISR) per rispondere alle preoccupazioni ambientali e sociali dei loro clienti.

Infine, la crescita delle fintech e la digitalizzazione dei servizi bancari hanno avuto un impatto significativo sulle banche commerciali, che devono ora adattarsi a un ambiente sempre più competitivo. Le banche hanno dovuto innovare e offrire nuovi prodotti e servizi per rimanere competitive in un mercato in continua evoluzione.

Banche d'investimento

Le banche d'investimento sono istituti finanziari specializzati in operazioni di mercato, fusioni e acquisizioni, emissione di azioni e obbligazioni e consulenza sulla strategia finanziaria. A differenza delle banche commerciali che gestiscono depositi e prestiti per persone e aziende, le banche d'investimento lavorano principalmente con grandi aziende e istituzioni finanziarie per aiutarli a raccogliere fondi, gestire i rischi finanziari e svolgere operazioni complesse.

Le banche d'investimento sono emerse nel corso del XIX

secolo in risposta alla crescente domanda di competenze finanziarie per le grandi aziende. Nel tempo, il loro ruolo è evoluto e sono diventate importanti attori sui mercati finanziari, offrendo servizi come trading, gestione del portafoglio e consulenza sugli investimenti.

Le banche d'investimento sono spesso coinvolte in operazioni complesse, come fusioni e acquisizioni, quotazioni in borsa, emissione di obbligazioni e prodotti derivati. Utilizzano le loro competenze per consigliare alle aziende come raccogliere fondi, ridurre i rischi e massimizzare i rendimenti.

Tuttavia, le attività delle banche d'investimento possono presentare rischi per l'economia a causa del loro coinvolgimento in operazioni di mercato ad alto rischio. Per questo motivo, sono soggette a rigorose normative da parte delle autorità finanziarie, in particolare per quanto riguarda la capitalizzazione e la gestione dei rischi.

In definitiva, le banche d'investimento svolgono un ruolo importante nel funzionamento dei mercati finanziari e nell'economia in generale. La loro esperienza finanziaria e la capacità di offrire soluzioni finanziarie complesse sono risorse preziose per grandi aziende e istituzioni finanziarie. Tuttavia, il loro coinvolgimento in attività di mercato ad alto rischio sottolinea l'importanza della regolamentazione e della supervisione per prevenire crisi finanziarie.

Banche centrali

Le banche centrali svolgono un ruolo cruciale nell'economia globale. La loro principale missione è la gestione della politica monetaria, che mira a mantenere la stabilità dei prezzi e promuovere la crescita economica. Le banche centrali hanno anche la responsabilità di supervisionare il sistema bancario e finanziario del proprio paese e regolare il mercato monetario.

Le banche centrali sono mutate nel tempo, passando da istituti bancari commerciali a organizzazioni governative indipendenti. La maggior parte delle banche centrali è stata creata nel XIX secolo per regolare i sistemi bancari nazionali, ma il loro ruolo si è evoluto per includere la politica monetaria e la stabilità finanziaria.

La Banca centrale europea (BCE) è un esempio di banca centrale creata per regolare una valuta comune. È stata istituita nel 1998 per gestire l'euro e promuovere la stabilità finanziaria nella zona euro. Alla BCE spetta definire e attuare la politica monetaria della zona euro, in collaborazione con le banche centrali nazionali.

Le banche centrali utilizzano strumenti diversi per influenzare la politica monetaria. Possono modificare i tassi di interesse, acquistare e vendere titoli sul mercato monetario e regolamentare le riserve obbligatorie delle banche commerciali. Le banche centrali possono anche intervenire nel mercato dei cambi per stabilizzare i tassi di cambio.

La politica monetaria ha un impatto significativo

sull'economia, inclusa l'inflazione, la disoccupazione e
la crescita economica. Le banche centrali devono quindi
lavorare a stretto contatto con il governo e gli altri attori
economici per raggiungere i loro obiettivi di politica
monetaria.

Le banche centrali sono anche responsabili della
supervisione e della regolamentazione delle banche
commerciali e delle istituzioni finanziarie. Definiscono
gli standard di solvibilità e liquidità e garantiscono che
le istituzioni finanziarie rispettino le normative contro il
riciclaggio di denaro e il finanziamento del terrorismo.

Infine, le banche centrali svolgono un ruolo cruciale nella
prevenzione e risoluzione delle crisi finanziarie. Possono
fornire prestiti di emergenza alle banche commerciali e
adottare misure per garantire la stabilità finanziaria durante
le crisi.

Banche di sviluppo

Le banche di sviluppo sono istituti finanziari specializzati
nel finanziamento di progetti economici e sociali volti a
promuovere lo sviluppo dei paesi in via di sviluppo. Il loro
obiettivo è sostenere la crescita economica finanziando
progetti di infrastrutture, programmi di sviluppo agricolo,
progetti energetici, iniziative imprenditoriali e altri progetti
che hanno un impatto positivo sulla società.

Le banche di sviluppo possono essere istituzioni nazionali
o internazionali. Le istituzioni nazionali sono di solito create

dai governi per sostenere lo sviluppo economico e sociale del proprio paese. Le istituzioni internazionali, invece, sono create da più governi o dalle organizzazioni internazionali per finanziare progetti in diversi paesi.

Il finanziamento fornito dalle banche di sviluppo è spesso più conveniente rispetto a quello delle banche commerciali tradizionali, poiché queste istituzioni hanno accesso privilegiato a fonti di finanziamento a basso costo, come i fondi sovrani, gli investitori istituzionali e le banche centrali.

Le banche di sviluppo offrono anche prestiti a tassi di interesse ridotti, sovvenzioni e garanzie per aiutare le imprese ad accedere ai finanziamenti necessari per avviare i loro progetti. Queste istituzioni possono anche fornire assistenza tecnica ai beneficiari del finanziamento per aiutarli a sviluppare i loro progetti in modo efficiente.

I progetti finanziati dalle banche di sviluppo spesso hanno impatti positivi sull'economia locale, creando posti di lavoro, stimolando la crescita economica e migliorando la qualità della vita delle popolazioni locali. Inoltre, le banche di sviluppo possono contribuire a rafforzare le capacità delle istituzioni pubbliche locali fornendo assistenza tecnica per migliorare le politiche pubbliche e le pratiche di gestione.

Infine, le banche di sviluppo possono svolgere un ruolo importante nel raggiungimento degli obiettivi di sviluppo sostenibile delle Nazioni Unite, sostenendo progetti che hanno un impatto positivo sull'ambiente, la salute, l'istruzione, l'uguaglianza di genere e la riduzione della povertà.

Banche cooperative

Le banche cooperative sono istituti finanziari che hanno la particolarità di essere di proprietà e gestiti dai loro membri, spesso clienti che hanno una relazione stretta con la banca e condividono interessi comuni. A differenza degli altri tipi di banche, le banche cooperative sono società senza scopo di lucro il cui obiettivo è servire gli interessi dei propri membri e della comunità.

Le banche cooperative sono state create alla fine del XIX secolo per aiutare gli agricoltori e le cooperative agricole ad accedere ai servizi bancari. Oggi queste banche sono presenti in molti paesi, principalmente in Europa e in Nord America, e sono spesso raggruppate in reti cooperative che condividono gli stessi valori e principi.

Il modello cooperativo si basa sulla partecipazione attiva e democratica dei membri alla governance della banca. I membri eleggono i dirigenti della banca e hanno il diritto di votare sulle decisioni importanti che li riguardano. I profitti della banca sono redistribuiti ai membri sotto forma di dividendi o servizi migliorati.

Le banche cooperative sono spesso più vicine alla loro comunità e ai loro clienti rispetto agli altri tipi di banche. Offrono spesso prodotti e servizi adattati alle necessità locali, come prestiti per piccole imprese o servizi di microfinanza per persone a basso reddito. Possono anche svolgere un ruolo importante nel finanziamento di progetti di sviluppo locale e sostenibile.

Le banche cooperative spesso hanno standard etici e sociali più rigorosi rispetto agli altri tipi di banche. Possono avere politiche di non finanziamento di settori controversi come l'armamento, il tabacco o le energie fossili. Possono anche impegnarsi in progetti di sviluppo sostenibile e lotta alla povertà.

Banche online e neobanche

In un mondo sempre più digitale, le banche online e le neobanche stanno diventando popolari tra i consumatori. Le banche online sono istituti finanziari che offrono servizi bancari esclusivamente online, senza una struttura fisica, mentre le neobanche sono start-up finanziarie che offrono servizi bancari interamente digitali.

Le banche online e le neobanche si distinguono dalle banche tradizionali offrendo servizi rapidi, convenienti e accessibili a un costo spesso inferiore. I clienti possono effettuare operazioni bancarie di base come il pagamento delle bollette, il trasferimento di denaro e la gestione del proprio conto dal loro computer o cellulare, senza doversi recare fisicamente in una filiale.

Tuttavia, le banche online e le neobanche presentano anche rischi per i consumatori, come la sicurezza dei dati e delle transazioni, nonché la disponibilità dell'assistenza clienti in caso di problemi tecnici. Pertanto, è importante che i clienti scelgano istituti finanziari affidabili e di buona reputazione.

Inoltre, le banche online e le neobanche potrebbero non

offrire gli stessi vantaggi delle banche tradizionali, come prestiti a tassi vantaggiosi o servizi di consulenza finanziaria personalizzata. I clienti devono quindi valutare il costo e i benefici di questi servizi prima di scegliere un istituto finanziario.

Infine, le banche online e le neobanche sono in competizione con le banche tradizionali, il che potrebbe portare a un cambiamento dell'intero settore bancario. Le banche tradizionali potrebbero essere costrette a ridurre i costi e ad adottare tecnologie più avanzate per restare competitive, il che potrebbe beneficiare i clienti.

Struttura e funzionamento delle banche

Organizzazione interna

L'organizzazione interna delle banche è un elemento chiave per il loro funzionamento efficiente e il loro successo. Le banche hanno una struttura complessa che comprende diversi dipartimenti e unità funzionali. Questa struttura è progettata per garantire una gestione ottimale delle operazioni bancarie e per offrire servizi di qualità ai clienti.

La maggior parte delle grandi banche ha una struttura organizzativa simile, composta da tre livelli: il livello strategico, il livello tattico e il livello operativo. Il livello strategico è responsabile della direzione generale della banca, dello sviluppo delle politiche e degli obiettivi a lungo termine. Il livello tattico si occupa della pianificazione e dell'implementazione delle strategie della banca, mentre il livello operativo è responsabile dell'esecuzione delle operazioni quotidiane.

Ogni dipartimento della banca è responsabile di funzioni specifiche. Ad esempio, il dipartimento delle operazioni bancarie si occupa della gestione delle operazioni quotidiane come i depositi e i prelievi, i trasferimenti di fondi e la tenuta dei conti. Il dipartimento dei prestiti e dei crediti è responsabile della gestione dei prestiti, della valutazione dei rischi e della verifica della solvibilità dei mutuatari. Il dipartimento delle finanze si occupa della gestione degli attivi e dei passivi della banca, della pianificazione del bilancio e della gestione dei rischi finanziari.

L'organizzazione interna delle banche comprende anche un dipartimento delle risorse umane che si occupa della selezione, della formazione e dello sviluppo dei dipendenti. Il dipartimento della conformità è responsabile di garantire che la banca rispetti tutte le regolamentazioni in materia di conformità legale, di contrasto al riciclaggio di denaro e del rispetto degli standard internazionali.

La comunicazione interna è essenziale per garantire il coordinamento tra i diversi dipartimenti e per garantire il raggiungimento degli obiettivi della banca. Le riunioni periodiche, i report e le valutazioni sono strumenti di comunicazione utilizzati per raggiungere questo obiettivo.

Infine, la cultura aziendale è un elemento importante dell'organizzazione interna delle banche. I valori e la visione della banca vengono trasmessi ai dipendenti attraverso la formazione, la comunicazione e il riconoscimento dei comportamenti allineati ai valori e alla visione della banca.

I canali di distribuzione

I canali di distribuzione sono uno degli aspetti chiave del funzionamento delle banche. Questi canali consentono ai clienti di interagire con la banca, accedere ai suoi prodotti e servizi ed effettuare transazioni finanziarie.

I canali di distribuzione tradizionali sono le filiali fisiche, che di solito sono posizionate strategicamente per offrire un facile accesso ai clienti. Le filiali fisiche consentono ai clienti di incontrare direttamente un consulente bancario, discutere delle loro esigenze finanziarie e concludere transazioni. Le filiali fisiche offrono anche una serie di servizi aggiuntivi come bancomat, sportelli per il deposito in contanti e sportelli automatici.

Tuttavia, con l'evoluzione della tecnologia, le banche hanno iniziato a utilizzare canali di distribuzione digitali per raggiungere un pubblico più ampio e offrire servizi più efficienti. I canali di distribuzione digitali includono il sito web della banca, le applicazioni mobili, le piattaforme di banca online e i chatbot.

I siti web delle banche offrono ai clienti un facile accesso alle informazioni sui prodotti e servizi della banca, così come sui tassi di interesse e le condizioni di credito. Le applicazioni mobili consentono ai clienti di gestire i loro conti bancari, pagare le bollette e trasferire denaro dal loro smartphone o tablet.

Le piattaforme di banca online offrono un'esperienza bancaria completa senza l'intervento di un consulente bancario. I clienti possono aprire un conto online, effettuare transazioni, gestire il loro portafoglio e persino investire i loro soldi. I chatbot sono assistenti virtuali alimentati da intelligenza artificiale che possono aiutare i clienti a rispondere a domande semplici sul loro conto bancario o a trovare prodotti e servizi pertinenti.

Inoltre, i canali di distribuzione digitali offrono vantaggi aggiuntivi ai clienti, come tempi di risposta più veloci, costi inferiori e funzionalità aggiuntive come strumenti per la pianificazione del budget e la pianificazione finanziaria.

I canali di distribuzione sono quindi un elemento cruciale del funzionamento delle banche, poiché offrono un modo efficiente per fornire prodotti e servizi finanziari a un pubblico vasto. Le banche devono adattarsi alle evoluzioni tecnologiche per soddisfare le esigenze della loro clientela ed offrire un'esperienza bancaria accogliente e trasparente.

La gestione dei rischi

La gestione dei rischi è un aspetto essenziale dell'attività bancaria. Le banche devono gestire una moltitudine di rischi diversi per garantire la sicurezza dei loro clienti, dei loro dipendenti, dei loro investimenti e di tutto il sistema finanziario.

I rischi a cui le banche sono esposte possono essere classificati in diverse categorie, tra cui il rischio di credito, il rischio di mercato, il rischio operativo, il rischio di liquidità, il rischio di tasso di interesse e il rischio di cambio. Ogni tipo di rischio presenta sfide specifiche e richiede un approccio di gestione adatto.

La gestione dei rischi inizia con l'identificazione e la valutazione di tali rischi. Le banche devono determinare le probabilità e gli impatti potenziali di ogni tipo di rischio al fine di stabilire le misure preventive e di controllo appropriate.

Le banche si avvalgono anche di tecniche di gestione

del rischio, come la diversificazione e l'hedging, la securitizzazione, l'uso di prodotti derivati, la modellizzazione e i test di stress, per minimizzare i rischi potenziali.

Tuttavia, la gestione dei rischi non può essere considerata un'attività sporadica. Deve essere integrata in tutta l'organizzazione e essere una preoccupazione costante per le banche. La cultura della gestione dei rischi deve essere radicata nei valori e nelle pratiche aziendali.

Inoltre, i regolatori e gli organismi di vigilanza svolgono un ruolo importante nella gestione dei rischi, garantendo che le banche rispettino gli standard di regolamentazione e supervisione appropriati. Le norme di trasparenza e governance sono anche importanti per assicurare la responsabilità delle banche verso i loro clienti e la società nel suo complesso.

Infine, va notato che la gestione dei rischi è un campo in continua evoluzione, con nuovi rischi emergenti come la sicurezza informatica e i rischi ambientali. Le banche devono rimanere vigili rispetto ai sviluppi e alle tendenze al fine di mantenere la loro capacità di gestire i rischi in modo efficace.

La redditività e le performance finanziarie

La redditività e le performance finanziarie delle banche sono elementi chiave per la loro sopravvivenza e crescita a lungo termine. In un ambiente economico sempre più competitivo, le banche devono cercare di massimizzare i loro profitti gestendo efficacemente i rischi.

La redditività è misurata dal tasso di rendimento del patrimonio netto (ROE) e dal tasso di rendimento degli attivi (ROA). Il ROE misura il profitto netto rapportato al patrimonio netto e il ROA misura il profitto netto rapportato agli attivi totali. Questi rapporti consentono di misurare l'efficienza con cui le banche utilizzano il loro patrimonio netto e gli attivi per generare profitti.

Per aumentare la loro redditività, le banche devono cercare di massimizzare i loro ricavi minimizzando i loro costi. I ricavi possono essere aumentati grazie alla crescita dei prestiti, delle commissioni e dei ricavi da trading. I costi possono essere ridotti attraverso una migliore gestione dei costi operativi e un'ottimizzazione della gestione dei rischi.

La performance finanziaria è misurata anche da altri rapporti, come il rapporto di liquidità e il rapporto di solvibilità. Il rapporto di liquidità misura la capacità della banca di far fronte agli obblighi di pagamento a breve termine, mentre il rapporto di solvibilità misura la capacità della banca di affrontare eventuali perdite.

Per migliorare la loro performance finanziaria, le banche devono cercare di aumentare la loro efficienza operativa, gestire i rischi in modo efficace e mantenere un rapporto di liquidità e solvabilità adeguato. Le banche possono anche cercare di diversificare il loro portafoglio di prodotti e sviluppare nuovi prodotti e servizi per rispondere alle mutevoli esigenze dei loro clienti.

È importante notare che la redditività e la performance finanziaria delle banche non devono essere ottenute a discapito dell'etica e della responsabilità sociale. Le banche devono impegnarsi a rispettare i più alti standard etici e ambientali, pur cercando di massimizzare la loro redditività.

Servizi e prodotti bancari

Conti correnti e di risparmio

I conti correnti e di risparmio sono prodotti bancari di base offerti dalla maggior parte delle banche. I conti correnti vengono utilizzati per gestire le transazioni quotidiane, mentre i conti di risparmio vengono utilizzati per risparmiare denaro.

I conti correnti consentono di depositare e prelevare denaro, effettuare pagamenti con assegni o carte di credito. I conti correnti possono anche offrire funzionalità extra, come bonifici e avvisi di saldo.

I conti di risparmio vengono utilizzati per risparmiare denaro per futuri progetti o per imprevisti. Questi conti possono offrire un tasso di interesse più elevato rispetto ai conti correnti, consentendo di guadagnare denaro sui soldi risparmiati. Alcuni conti di risparmio possono anche avere delle restrizioni in termini di importo minimo da depositare e prelevare.

Le banche offrono anche prodotti di risparmio più sofisticati, come conti deposito e libretti di risparmio. I conti deposito sono conti di risparmio con un tasso di interesse fisso per un periodo di tempo determinato. I libretti di risparmio sono conti di risparmio con un tasso di interesse variabile, ma che possono offrire vantaggi fiscali.

È importante confrontare le offerte di diverse istituzioni

finanziarie per trovare il prodotto di risparmio che meglio si adatta alle proprie esigenze. I tassi di interesse, le commissioni e le condizioni possono variare notevolmente da una banca all'altra.

È inoltre importante ricordare che il risparmio è una parte importante della pianificazione finanziaria. Risparmiando denaro regolarmente, è possibile costituire un fondo di emergenza per far fronte a situazioni impreviste come la perdita di un lavoro o spese mediche. Il risparmio può anche essere utilizzato per raggiungere obiettivi finanziari a lungo termine, come l'acquisto di una casa o la pensione.

Prestiti e crediti

L'offerta di prestiti e crediti è una delle principali funzioni delle banche. I prestiti e i crediti consentono a individui e imprese di acquisire beni e servizi di cui hanno bisogno, mentre offrono alla banca opportunità di generare entrate. In questa sezione, esploreremo in dettaglio i diversi tipi di prestiti e crediti offerti dalle banche e le implicazioni del loro utilizzo.

Innanzitutto, è importante comprendere la differenza tra prestiti e crediti. Un prestito è una somma di denaro prestata dalla banca a un mutuatario, che deve essere restituita con interessi entro un periodo di tempo determinato. Un credito, d'altra parte, è una somma di denaro resa disponibile al mutuatario e che può essere utilizzata secondo le sue necessità, con interessi addebitati solo sull'importo effettivamente utilizzato.

I prestiti e i crediti sono generalmente classificati in due categorie: prestiti al consumo e prestiti professionali. I prestiti al consumo sono destinati agli individui per finanziare spese personali come l'acquisto di un'auto, beni immobili o vacanze. I prestiti professionali, d'altra parte, sono destinati alle imprese per finanziare le loro attività commerciali, come l'acquisto di attrezzature, stock o capitale circolante.

Esistono anche prestiti ipotecari che vengono utilizzati per finanziare l'acquisto di una proprietà immobiliare. I prestiti ipotecari possono avere un tasso di interesse fisso o variabile, a seconda delle preferenze del mutuatario. I prestiti per gli studi sono anche comuni e vengono utilizzati per finanziare gli studi universitari.

Le banche offrono anche una varietà di crediti per le imprese, come crediti di tesoreria per finanziare le esigenze quotidiane di liquidità, leasing per acquisire attrezzature e linee di credito per progetti a lungo termine. Le banche possono anche offrire crediti al consumo per spese impreviste come riparazioni auto o spese mediche.

I prestiti e i crediti sono soggetti a tassi di interesse che variano in base alla situazione del mutuatario, al tipo di prestito o credito e al livello di rischio percepito dalla banca. I tassi di interesse possono essere fissi o variabili, a seconda della durata del prestito o del credito e delle condizioni del mercato.

Servizi di investimento e gestione del patrimonio

I servizi di investimento e gestione del patrimonio sono
settori chiave del settore bancario. Mirano ad aiutare i
clienti a gestire i loro investimenti e il loro patrimonio per
raggiungere i loro obiettivi finanziari. I servizi di investimento
includono una gamma di prodotti, come azioni, obbligazioni,
fondi comuni di investimento, prodotti derivati, ecc., che
consentono ai clienti di diversificare il loro portafoglio e
ottenere un rendimento ottimale sugli investimenti. La
gestione del patrimonio, d'altra parte, comprende servizi
come la pianificazione fiscale, la pianificazione testamentaria,
la gestione del debito e la gestione della liquidità.

Le banche offrono di solito servizi di investimento e gestione
del patrimonio ai loro clienti benestanti, che hanno bisogno di
una consulenza personalizzata per gestire il loro patrimonio
e i loro investimenti. I consulenti di investimento e gestione
del patrimonio delle banche aiutano i clienti a comprendere i
diversi prodotti finanziari disponibili, valutare il loro profilo di
rischio e sviluppare un piano di investimento che corrisponda
ai loro obiettivi finanziari a lungo termine.

È importante sottolineare che i servizi di investimento e
gestione del patrimonio non sono riservati esclusivamente
ai clienti benestanti. Le banche offrono anche servizi di
investimento online e fondi comuni di investimento accessibili
a tutti i tipi di investitori, indipendentemente dal loro livello di
ricchezza. Questi prodotti sono spesso meno costosi rispetto
ai servizi di investimento tradizionali e sono un'opzione
interessante per gli investitori alle prime armi.

La gestione del patrimonio può anche essere una scelta valida per gli investitori di tutti i livelli. Le banche spesso offrono servizi di pianificazione finanziaria, che possono aiutare i clienti a sviluppare un piano di gestione del patrimonio adatto alla loro situazione finanziaria. I consulenti finanziari possono aiutare i clienti a comprendere i diversi aspetti della pianificazione finanziaria, come l'assicurazione, le imposte e la successione, per assicurarsi che il loro patrimonio sia gestito in modo ottimale.

Servizi di pagamento e moneta elettronica

I servizi di pagamento e la moneta elettronica hanno registrato una rapida crescita negli ultimi anni grazie allo sviluppo della tecnologia e all'evoluzione delle abitudini di consumo. Le banche svolgono un ruolo cruciale in questi settori offrendo servizi e prodotti innovativi per soddisfare le esigenze dei loro clienti.

I servizi di pagamento elettronico si sono evoluti per offrire una varietà di soluzioni adattate alle esigenze delle imprese e dei singoli. I trasferimenti di denaro internazionali, i pagamenti mobili e i portafogli elettronici sono alcuni dei servizi più popolari. I trasferimenti di denaro internazionali hanno permesso di ridurre notevolmente i costi e i tempi di trasferimento, agevolando gli scambi commerciali e i trasferimenti di fondi tra i membri della famiglia che vivono in paesi diversi. I pagamenti mobili e i portafogli elettronici offrono anche una maggiore comodità per gli acquisti online e le transazioni quotidiane.

La moneta elettronica è un'altra importante innovazione nel campo dei servizi di pagamento. È spesso considerata come un'alternativa alla moneta tradizionale, poiché viene memorizzata elettronicamente e può essere utilizzata per acquisti online o trasferimenti di fondi. La moneta elettronica è spesso associata a carte prepagate o applicazioni mobili che consentono agli utenti di memorizzare fondi elettronici e utilizzarli per effettuare pagamenti.

Le banche svolgono un ruolo importante nello sviluppo della moneta elettronica fornendo soluzioni di pagamento e trasferimento di fondi. Forniscono anche servizi di sicurezza per garantire la riservatezza e la sicurezza delle informazioni finanziarie sensibili. Le banche hanno anche ampliato la loro offerta di servizi per includere programmi di fedeltà e cashback per le transazioni effettuate con carte di credito e debito.

Inoltre, le banche hanno anche sviluppato partnership con fornitori di tecnologie di pagamento per offrire soluzioni innovative di pagamento online e mobile. Ad esempio, alcune banche hanno lanciato programmi di pagamento mobile che consentono agli utenti di pagare i loro acquisti utilizzando il loro telefono cellulare. Altre banche hanno messo a disposizione sistemi di pagamento online che consentono ai clienti di pagare bollette e trasferire fondi online.

Assicurazioni e prodotti derivati

Le assicurazioni e i prodotti derivati sono strumenti finanziari
che hanno conosciuto una crescita esponenziale negli ultimi
decenni. Le assicurazioni permettono di trasferire il rischio
di un evento imprevisto (come un incidente, un incendio o
una malattia) da una persona o un'azienda a una compagnia
di assicurazioni in cambio di un premio. I prodotti derivati,
invece, sono contratti finanziari il cui valore deriva da
un'attività sottostante (come un'azione, una merce o una
valuta).

Le assicurazioni vengono utilizzate per coprire i rischi legati
alle attività economiche, sociali ed ambientali. Ad esempio,
le assicurazioni sulla vita proteggono la famiglia in caso di
morte o invalidità. Le assicurazioni auto, invece, coprono
i costi di riparazione e sostituzione dei veicoli in caso di
incidente. Le assicurazioni sulla casa proteggono dagli danni
causati alla casa e ai suoi beni.

I prodotti derivati, invece, sono utilizzati per coprire i rischi
finanziari e speculativi. Ad esempio, i contratti futures
permettono di fissare un prezzo per un'attività sottostante in
una data futura. Le opzioni, invece, danno il diritto (ma non
l'obbligo) di comprare o vendere un'attività sottostante a un
prezzo determinato in una data specifica.

I prodotti derivati possono anche essere utilizzati per
speculare sui movimenti dei mercati finanziari. Gli hedge
fund, ad esempio, spesso utilizzano prodotti derivati per
ottenere rendimenti elevati assumendo posizioni lunghe o
corte sui mercati finanziari.

Le assicurazioni e i prodotti derivati hanno vantaggi e svantaggi. Le assicurazioni permettono di trasferire i rischi e proteggere le parti interessate dalle perdite finanziarie. Tuttavia, i premi possono essere costosi, soprattutto se il rischio è elevato. I prodotti derivati possono aiutare a gestire i rischi finanziari e ottenere rendimenti elevati, ma possono anche essere molto rischiosi e causare perdite significative.

Regolamentazione e supervisione bancaria

Le istituzioni di regolamentazione nazionali e internazionali

Le istituzioni di regolamentazione bancaria nazionali e internazionali giocano un ruolo chiave nella sorveglianza e nella regolamentazione del settore bancario. Queste istituzioni sono incaricate di mantenere la stabilità finanziaria, proteggere i consumatori e prevenire i rischi sistemici.

A livello internazionale, le principali istituzioni di regolamentazione sono la Banca dei regolamenti internazionali (BRI), il Comitato di Basilea per il controllo bancario, il Fondo monetario internazionale (FMI) e l'Organizzazione per la cooperazione e lo sviluppo economico (OCSE). Queste istituzioni hanno sviluppato norme e regolamenti per garantire la stabilità finanziaria, ridurre i rischi e rafforzare la trasparenza nel settore bancario.

Il Comitato di Basilea per il controllo bancario ha elaborato in particolare tre accordi di regolamentazione bancaria noti come Basilea I, Basilea II e Basilea III. Questi accordi hanno stabilito standard internazionali per la solidità patrimoniale, la liquidità e la gestione dei rischi delle banche.

A livello nazionale, ogni paese ha la propria istituzione di regolamentazione. In Francia, ad esempio, è l'Autorité de contrôle prudentiel et de résolution (ACPR) incaricata di supervisionare le banche e le assicurazioni. Negli Stati Uniti, invece, è la Federal Reserve che ha il compito di regolamentare il settore bancario e finanziario.

Le istituzioni di regolamentazione bancaria nazionali e internazionali hanno inoltre istituito meccanismi di sorveglianza e risoluzione delle crisi bancarie. I meccanismi di garanzia dei depositi consentono ai depositanti di recuperare i propri fondi in caso di fallimento di una banca. I meccanismi di risoluzione delle crisi bancarie mirano a prevenire la diffusione dei rischi sistemici e a mantenere la stabilità finanziaria.

La regolamentazione prudenziale (Basilea I, II, III)

La regolamentazione prudenziale è un insieme di norme volte a limitare i rischi a cui sono esposte le banche e a garantire la stabilità finanziaria. Questa regolamentazione è stata sviluppata in seguito alla crisi finanziaria del 2008, che ha evidenziato le debolezze del sistema bancario. Le regolamentazioni prudenziali più importanti sono gli accordi di Basilea I, II e III.

Basilea I, pubblicato nel 1988, stabilisce i requisiti patrimoniali che le banche devono possedere a copertura dei rischi di credito. Questa regolamentazione è stata introdotta per garantire che le banche abbiano una solida base patrimoniale per far fronte a perdite impreviste. Basilea I è stato modificato nel 1996 per includere requisiti patrimoniali per i rischi di mercato e operativi.

Basilea II, pubblicato nel 2004, rappresenta un miglioramento di Basilea I. Introduce un nuovo metodo per il calcolo dei requisiti patrimoniali per i rischi di credito, tenendo conto della qualità del credito, della durata e del rischio di controparte. Basilea II incoraggia anche le banche a sviluppare il proprio sistema di valutazione dei rischi di credito.

Basilea III, pubblicato nel 2010, è una risposta alla crisi finanziaria del 2008. Rafforza i requisiti patrimoniali per le banche e introduce nuovi standard di liquidità e di leva finanziaria. Basilea III obbliga anche le banche a considerare il rischio di controparte e il rischio di liquidità nella gestione del patrimonio.

La regolamentazione prudenziale ha l'obiettivo di garantire la stabilità finanziaria e limitare i rischi a cui sono esposte le banche. Incoraggia le banche a mantenere una solida base patrimoniale per far fronte a rischi imprevisti, a mettere in atto sistemi di gestione dei rischi solidi e a rispettare gli standard di liquidità e di leva finanziaria.

Tuttavia, queste regolamentazioni non sono infallibili. Possono essere talvolta aggirate o applicate in modo errato. Ad esempio, le banche possono intraprendere pratiche rischiose utilizzando prodotti finanziari complessi o cercando di eludere i requisiti patrimoniali. È quindi importante che le autorità di regolamentazione rimangano vigili e introducano meccanismi di controllo e sorveglianza efficaci per garantire il rispetto delle regolamentazioni prudenziali.

La lotta al riciclaggio di denaro e al finanziamento del terrorismo

La lotta al riciclaggio di denaro e al finanziamento del terrorismo rappresenta una preoccupazione prioritaria per le banche di tutto il mondo. Queste attività illegali possono avere gravi conseguenze per la sicurezza, la stabilità finanziaria e l'economia nel suo complesso.

Il riciclaggio di denaro consiste nel trasformare fondi acquisiti illegalmente in denaro pulito attraverso un complesso processo di transazioni finanziarie. I criminali cercano di nascondere l'origine e la destinazione dei fondi per evitare di essere scoperti dalle autorità. Il finanziamento del terrorismo, invece, riguarda l'utilizzo di fondi per sostenere attività terroristiche, come l'acquisto di armi o la pianificazione di attacchi.

Le banche si trovano in prima linea nella lotta contro queste attività illecite, in quanto spesso vengono utilizzate per effettuare transazioni finanziarie. Pertanto, le banche hanno la responsabilità di implementare sistemi di monitoraggio per individuare e segnalare transazioni sospette. Le autorità possono quindi indagare su tali transazioni e adottare le misure necessarie per prevenire il riciclaggio di denaro e il finanziamento del terrorismo.

Per conformarsi alle normative, le banche hanno istituito programmi di contrasto al riciclaggio di denaro e al finanziamento del terrorismo. Questi programmi comprendono politiche e procedure per l'identificazione dei clienti, la valutazione dei rischi, il monitoraggio delle

transazioni e la segnalazione delle attività sospette.
Le banche devono anche effettuare verifiche regolari
per garantire che i clienti rispettino le norme e le
regolamentazioni.

Le autorità di regolamentazione nazionali e internazionali
collaborano anche con le banche per rafforzare la lotta al
riciclaggio di denaro e al finanziamento del terrorismo. Sono
state introdotte norme di trasparenza e di governance per
aiutare le banche a individuare e segnalare transazioni
sospette. Le banche devono inoltre mettere in atto sistemi di
garanzia dei depositi e di risoluzione delle crisi per proteggere
i fondi dei clienti in caso di fallimento o crisi.

Tuttavia, nonostante tutti questi sforzi, la lotta al riciclaggio
di denaro e al finanziamento del terrorismo rimane una sfida
per le banche. I criminali cercano costantemente nuovi modi
per eludere le regole e le regolamentazioni, rendendo difficile
il rilevamento delle attività illecite. Le banche devono quindi
rimanere vigili e adattarsi continuamente per garantire la
sicurezza finanziaria dei propri clienti e dell'economia nel suo
complesso.

Norme di trasparenza e di governance

Le norme di trasparenza e di governance sono fondamentali
per garantire l'integrità e la fiducia del pubblico nel settore
bancario. In questa sezione, esploreremo le diverse norme e
regolamentazioni volte a garantire la trasparenza e la buona
governance delle banche.

Innanzitutto, la trasparenza è la base di una buona governance. Le banche devono essere trasparenti in merito alla loro struttura, al loro funzionamento, alle loro pratiche commerciali e alla loro gestione dei rischi. Ciò consente alle parti interessate, tra cui i clienti, gli azionisti, i regolatori e il pubblico, di comprendere come funziona la banca e come gestisce i rischi.

Per garantire questa trasparenza, sono state introdotte numerose regolamentazioni. Ad esempio, la direttiva europea MiFID II (Markets in Financial Instruments Directive) impone alle banche di divulgare informazioni dettagliate sui prodotti finanziari offerti, nonché sui loro costi e le loro prestazioni. Allo stesso modo, la direttiva CRD IV (Capital Requirements Directive IV) richiede alle banche di divulgare informazioni dettagliate sul loro profilo di rischio, sulla capitalizzazione e sull'esposizione ai rischi.

Per quanto riguarda la governance, le banche sono tenute a rispettare determinati standard al fine di garantire una gestione sana ed efficiente. In primo luogo, le banche devono avere una struttura di governance chiaramente definita, con organi decisionali separati, come il consiglio di amministrazione e il comitato esecutivo. I membri di questi organi devono essere indipendenti e competenti, con un'esperienza rilevante nel settore bancario.

Inoltre, le banche devono implementare politiche efficaci per gestire i rischi, compresi la gestione dei conflitti di interesse, il monitoraggio della conformità normativa e la gestione dei rischi operativi, come i rischi legati alla sicurezza informatica.

Infine, le banche devono essere responsabili nei confronti delle loro parti interessate, in particolare dei clienti e degli azionisti. A tal fine, devono istituire politiche chiare per la divulgazione di informazioni, la gestione dei reclami e il trattamento equo dei clienti. Devono anche essere trasparenti circa la loro situazione finanziaria, le politiche di remunerazione e le pratiche commerciali.

Sistemi di garanzia dei depositi e di risoluzione delle crisi

I sistemi di garanzia dei depositi e di risoluzione delle crisi sono meccanismi di protezione istituiti dai governi e dalle autorità di regolamentazione per garantire la sicurezza dei fondi depositati dai clienti nelle banche. Questi sistemi sono stati sviluppati in risposta alle crisi bancarie e finanziarie, che hanno evidenziato la necessità di proteggere i clienti dalle perdite finanziarie causate dal fallimento delle banche.

Il sistema di garanzia dei depositi è un meccanismo che assicura la sicurezza dei depositi dei clienti in caso di fallimento di una banca. Consente ai clienti di recuperare i loro fondi fino a un certo importo, generalmente fissato per legge. Questo importo varia da paese a paese, ma è spesso dell'ordine di diverse migliaia di euro. Il sistema di garanzia dei depositi è finanziato dai contributi delle banche, che vengono calcolati in base al loro rischio.

La risoluzione delle crisi è un processo che consente di affrontare i problemi delle banche in difficoltà riducendo al minimo le perdite per i clienti, gli investitori e i contribuenti.

La risoluzione delle crisi può assumere diverse forme,
tra cui la vendita della banca in difficoltà a un terzo, il
ricapitalizzazione da parte del governo o la fusione con
un'altra banca. La risoluzione delle crisi può essere costosa
per i contribuenti, ed è quindi spesso accompagnata da
condizioni rigorose, come la limitazione dei salari dei dirigenti
e misure per proteggere gli interessi dei clienti.

I sistemi di garanzia dei depositi e di risoluzione delle crisi
sono essenziali per mantenere la fiducia nel sistema bancario
e finanziario. Consentono ai clienti di sentirsi al sicuro nel
depositare i loro soldi in una banca, sapendo che saranno
rimborsati in caso di fallimento. Inoltre, riducono il rischio di
panico bancario, che può diffondersi rapidamente e causare
perdite significative per i clienti e gli investitori.

Tuttavia, è importante notare che questi sistemi hanno dei
limiti. Ad esempio, i sistemi di garanzia dei depositi coprono
solo i depositi fino a un certo importo, il che significa che i
clienti con depositi superiori possono subire delle perdite in
caso di fallimento della banca. Inoltre, la risoluzione delle
crisi può essere difficile da attuare in alcuni casi, soprattutto
quando le banche sono troppo grandi per fallire senza
provocare una crisi sistemica.

Tipologia dei rischi bancari

Rischio di credito

Il rischio di credito è uno dei principali rischi a cui le banche sono esposte. Si riferisce alla possibilità che un debitore non rimborsi il suo prestito secondo le modalità concordate, causando una perdita per la banca. Questo rischio è spesso presente nel portafoglio prestiti di una banca e può provenire da diversi tipi di clienti, come imprese, individui, governi e organismi senza scopo di lucro.

Il rischio di credito può essere suddiviso in due categorie principali: rischio di insolvenza e rischio di deterioramento del credito. Il rischio di insolvenza si riferisce alla probabilità che il debitore non rimborsi il prestito, mentre il rischio di deterioramento del credito si riferisce alla probabilità che il debitore rimborsi il prestito ma con ritardo o riduzione dell'importo del pagamento.

Per gestire il rischio di credito, le banche adottano rigorose procedure di sottoscrizione dei prestiti per assicurarsi che i debitori siano in grado di rimborsare il loro prestito. Queste procedure includono un'analisi della solvibilità del debitore, una valutazione delle garanzie fornite per il prestito e una valutazione del rischio economico e settoriale associato al debitore. Le banche possono anche diversificare il loro portafoglio prestiti per ridurre la loro esposizione a un settore o a un tipo specifico di debitore.

In caso di mancato rimborso, le banche di solito hanno

meccanismi per recuperare i propri soldi, come il pignoramento delle garanzie o la ristrutturazione del debito. Nei casi estremi, le banche potrebbero essere costrette a registrare perdite nei loro bilanci.

È importante notare che il rischio di credito è strettamente legato al rischio economico. Durante un periodo di rallentamento economico, aumenta il rischio di insolvenza dei debitori, il che può causare perdite alle banche.

Rischio di mercato

Il concetto di rischio di mercato è un elemento cruciale nell'attività bancaria. Infatti, questo tipo di rischio riguarda le potenziali perdite legate alle fluttuazioni dei mercati finanziari, come i mercati azionari, i mercati valutari, i mercati delle materie prime, i tassi di interesse e gli indici. Pertanto, le banche sono esposte a questo rischio quando il loro portafoglio comprende attività finanziarie soggette a queste variazioni di mercato.

Il rischio di mercato può essere valutato attraverso diversi metodi, come la Value-at-Risk (VaR), che consente di quantificare la massima possibile perdita di un portafoglio a un determinato livello di confidenza. Di conseguenza, le banche utilizzano modelli matematici sofisticati per stimare il loro rischio di mercato e attuare strategie di gestione adeguate.

Spesso, i prodotti finanziari derivati vengono utilizzati per coprire il rischio di mercato. Questi strumenti finanziari consentono di trasferire il rischio di mercato a terzi. Ad esempio, una banca può acquistare un contratto futuro su una materia prima per proteggersi da un aumento del suo prezzo. Tuttavia, l'uso di questi prodotti derivati può anche amplificare il rischio di mercato.

Le banche devono anche essere consapevoli dei rischi legati a prodotti strutturati complessi che possono essere opachi e difficili da valutare. Infatti, questi prodotti possono comportare rischi nascosti come clausole di rimborso anticipato o opzioni di riacquisto che possono causare perdite significative per gli investitori.

Infine, le banche devono anche essere sensibili ai rischi di mercato sistemici. Questi rischi riguardano l'intero sistema finanziario e possono essere innescati da eventi imprevedibili come crisi economiche e finanziarie. Pertanto, le banche devono essere in grado di gestire questi rischi sistemici adottando misure preventive e di gestione delle crisi.

Rischio operativo

Il rischio operativo è uno dei principali rischi a cui le banche sono esposte. Si definisce come la possibilità di subire perdite derivanti da processi interni inadeguati, errori umani, malfunzionamenti dei sistemi informativi, frodi, controversie legali, catastrofi naturali e altri eventi imprevisti. A differenza degli altri tipi di rischi come il rischio di credito e il rischio di mercato, il rischio operativo non può essere valutato o misurato con precisione, il che lo rende difficile da gestire.

Per comprendere meglio l'importanza del rischio operativo nelle banche, è essenziale ricordare che le banche sono istituzioni complesse che gestiscono enormi quantità di dati e svolgono operazioni molto diverse. I guasti possono verificarsi in qualsiasi momento e la capacità delle banche di affrontarli dipende dalla loro resilienza e dalla loro capacità di rispondere in modo rapido ed efficiente agli eventi.

Al fine di gestire il rischio operativo, le banche hanno implementato sistemi e processi di controllo interno. Ciò include l'identificazione dei rischi, la valutazione dei controlli interni e l'attuazione di misure di gestione del rischio. Le banche devono anche investire in sistemi informativi robusti e resilienti, nonché nella formazione e nello sviluppo delle competenze dei dipendenti.

Tuttavia, nonostante tutte le misure adottate, i rischi operativi non possono mai essere completamente eliminati. Pertanto, le banche devono anche avere piani di continuità operativa per garantire la continuità dei servizi in caso di crisi. Questi piani devono essere regolarmente testati e aggiornati per assicurarsi che siano efficaci.

Rischio di liquidità

Il rischio di liquidità è uno dei rischi più significativi a cui le banche sono esposte. Riguarda la capacità della banca di soddisfare le sue obbligazioni di pagamento quando scadono. In altre parole, è la capacità della banca di convertire i suoi attivi in liquidità in modo rapido e a basso costo per onorare i prelievi dei clienti o rimborsare i suoi debiti.

Le banche si trovano di fronte a questo rischio perché raccolgono depositi a vista e a termine e prestano denaro ai clienti per periodi più lunghi. Questa asimmetria di maturità crea un rischio di liquidità poiché la banca potrebbe non disporre di liquidità sufficiente per adempiere ai suoi obblighi di pagamento.

Le banche gestiscono questo rischio attraverso una prudenza nella gestione dei loro attivi e passivi e mantenendo riserve di liquidità adeguate. Le riserve di liquidità possono assumere la forma di depositi a vista presso la banca centrale, titoli negoziabili o liquidità in contanti.

Tuttavia, la gestione del rischio di liquidità è diventata più complessa con l'evoluzione dei mercati finanziari e la globalizzazione delle attività bancarie. Le banche possono incontrare difficoltà nel rifinanziarsi sui mercati interbancari o sui mercati dei capitali in caso di stress finanziario. Inoltre, la crisi finanziaria del 2008 ha sottolineato l'importanza della gestione della liquidità e ha portato all'adozione di regolamentazioni più rigorose per garantire la stabilità finanziaria.

Ora la regolamentazione richiede che le banche mantengano cuscini di liquidità sufficienti per far fronte a shock di liquidità. Inoltre, i regolatori effettuano test di stress per valutare la capacità delle banche di far fronte a scenari di stress finanziario.

Infine, la gestione del rischio di liquidità è essenziale per la fiducia dei clienti e la stabilità finanziaria. Le banche devono essere in grado di soddisfare le esigenze di liquidità dei loro

clienti in qualsiasi momento per evitare una crisi di liquidità.
La gestione prudente della liquidità è quindi fondamentale
per garantire la solidità del sistema bancario e prevenire crisi
finanziarie.

Rischio di tasso di interesse

Il rischio di tasso di interesse è un rischio rilevante con cui le
banche si confrontano nella loro attività quotidiana. Questo
rischio è legato alle fluttuazioni dei tassi di interesse sui
mercati finanziari, che possono avere impatti significativi sui
profitti e sulle perdite delle banche.

Concretamente, il rischio di tasso di interesse si manifesta
quando i tassi di interesse aumentano o diminuiscono in
modo significativo e gli attivi e i passivi delle banche non
vengono colpiti nello stesso modo. Gli attivi e i passivi delle
banche sono generalmente denominati con tassi di interesse
diversi, creando squilibri quando i tassi di interesse fluttuano.

Ad esempio, se una banca ha attività a tasso fisso a lungo
termine e passività a tasso variabile a breve termine, un
aumento dei tassi di interesse può comportare un aumento
dei costi di interesse per la banca, mentre i ricavi di
interesse dalle attività rimangono fissi. Ciò può portare a una
diminuzione dei profitti per la banca.

Per gestire il rischio di tasso di interesse, le banche possono
utilizzare diverse tecniche. Possono attuare strategie di
allineamento delle scadenze per allineare gli attivi e i passivi
in termini di durata e sensibilità ai tassi di interesse. Le

banche possono anche utilizzare contratti a termine e opzioni per coprirsi dalle fluttuazioni dei tassi di interesse.

Tuttavia, queste tecniche di gestione del rischio non sono prive di rischi. I contratti a termine e le opzioni possono essere costosi e le strategie di allineamento delle scadenze possono essere complesse da implementare con precisione. Pertanto, le banche devono essere attente nella gestione del loro rischio di tasso di interesse e monitorare attentamente le fluttuazioni dei tassi di interesse sui mercati finanziari.

Infine, è importante notare che il rischio di tasso di interesse non riguarda solo le banche, ma anche i debitori e gli investitori. I debitori possono essere influenzati dalle fluttuazioni dei tassi di interesse, rendendo i rimborsi dei prestiti più costosi o meno accessibili. Gli investitori possono anche essere colpiti dalle fluttuazioni dei tassi di interesse, poiché ciò può avere impatti sulla valutazione degli investimenti in obbligazioni.

Rischio di cambio

Il rischio di cambio è un rischio significativo per le banche e le imprese che operano sui mercati internazionali. Si verifica quando il valore di una valuta fluttua rispetto a un'altra, causando potenziali perdite per gli attori economici che hanno posizioni aperte in valute estere.

Per illustrare questo rischio, prendiamo ad esempio un'azienda francese che vende prodotti negli Stati Uniti e riceve pagamenti in dollari americani. Se l'euro si svaluta rispetto al dollaro, il valore dei pagamenti in dollari ricevuti dall'azienda diminuirà, poiché avrà bisogno di più euro per convertire quei dollari nella sua valuta locale. Ciò può comportare una perdita per l'azienda se non ha coperto il suo rischio di cambio.

Le banche, d'altra parte, sono spesso esposte al rischio di cambio a causa delle loro attività di trading sulle valute estere. Se hanno posizioni aperte in una determinata valuta, una variazione sfavorevole del valore di quella valuta può comportare perdite significative.

Per gestire il rischio di cambio, le banche e le imprese possono utilizzare strumenti di copertura, come contratti a termine, opzioni di cambio o swap di valute. Questi strumenti consentono di fissare un tasso di cambio in anticipo per una transazione futura, riducendo così il rischio di fluttuazione del valore della valuta.

È importante notare che il rischio di cambio può anche avere conseguenze sull'economia di un paese nel suo complesso. Ad esempio, una brusca svalutazione della valuta locale può comportare un'inflazione importata, poiché i prodotti importati diventano più costosi. Questo può anche rendere le esportazioni più competitive, stimolando così la crescita economica.

Tecniche di gestione del rischio

Diversificazione e copertura

La diversificazione e la copertura sono due concetti che ricorrono frequentemente nel mondo bancario, soprattutto per quanto riguarda la gestione del rischio. Infatti, la diversificazione e la copertura sono due tecniche molto importanti che consentono alle banche di ridurre i rischi e proteggere la loro redditività.

La diversificazione consiste nel distribuire i rischi su diversi tipi di attività, settori o aree geografiche. In altre parole, si tratta di non mettere tutte le uova nello stesso paniere. Diversificando i loro portafogli, le banche riducono il rischio di perdite significative in caso di insolvenza di un unico debitore o di un singolo settore economico. Ad esempio, una banca che presta esclusivamente a un solo settore, come l'immobiliare, può essere molto vulnerabile in caso di crollo dei prezzi immobiliari. Al contrario, una banca che presta a diversi settori, come l'agricoltura, l'industria e i servizi, sarà meno esposta a un rischio settoriale.

La copertura, invece, consiste nel proteggersi dai rischi prendendo posizioni opposte a quelle considerate rischiose. Ad esempio, una banca che presta a tasso variabile può coprirsi dal rischio di aumento dei tassi di interesse stipulando prodotti finanziari che la proteggono da tale aumento. Allo stesso modo, una banca che presta in valute estere può coprirsi dal rischio di cambio acquistando prodotti finanziari che le permettono di proteggersi da una diminuzione del valore di tale valuta.

La diversificazione e la copertura sono tecniche molto utili
per ridurre i rischi, ma non sono infallibili. È quindi importante
che le banche implementino sistemi di gestione del rischio
efficaci per monitorare e valutare costantemente i rischi
assunti dalla banca.

In sintesi, la diversificazione e la copertura sono due tecniche
fondamentali per la gestione del rischio nelle banche.
Utilizzando queste tecniche, le banche possono ridurre la loro
esposizione a rischi specifici e proteggere la loro redditività.
Tuttavia, è importante che le banche siano consapevoli dei
limiti di queste tecniche e implementino sistemi di gestione
del rischio efficaci per monitorare e valutare costantemente i
rischi assunti dalla banca.

Titolarizzazione

La titolarizzazione è un processo finanziario che consente
alle banche di trasferire una parte dei loro crediti (prestiti e
altri asset finanziari) raggruppandoli in un portafoglio, che
poi vendono sotto forma di titoli a investitori. I flussi generati
da questi titoli (rimborso dei prestiti, interessi e altri redditi)
vengono quindi distribuiti agli investitori, che diventano i
proprietari dei titoli.

La titolarizzazione offre numerosi vantaggi alle banche, tra
cui la riduzione dei rischi finanziari, il rilascio di capitale per
nuovi prestiti e la possibilità di diversificare in nuovi mercati
e prodotti finanziari. Per gli investitori, ciò offre la possibilità

di investire in un portafoglio diversificato di prestiti e ottenere rendimenti interessanti.

Tuttavia, la titolarizzazione può presentare anche rischi, come ad esempio il mancato pagamento da parte dei debitori, che può causare una diminuzione del valore dei titoli e perdite per gli investitori. Inoltre, la complessità dei prodotti di titolarizzazione può rendere difficile valutare il loro vero rischio.

Infatti, lo sviluppo di prodotti di titolarizzazione complessi, come le CDO (collateralized debt obligations), è stato uno dei fattori che hanno contribuito alla crisi finanziaria del 2008. Questi prodotti sono stati creati raggruppando prestiti ipotecari subprime, cioè prestiti concessi a debitori ad alto rischio di credito. I numerosi mancati pagamenti su questi prestiti hanno causato una diminuzione del valore delle CDO, oltre a ingenti perdite per gli investitori che le possedevano.

È quindi importante che le banche e i regolatori considerino i rischi associati alla titolarizzazione e si assicurino di implementare misure di regolamentazione e supervisione efficaci per evitare disfunzioni finanziarie. Ad esempio, la regolamentazione di Basilea III introduce requisiti patrimoniali più elevati per le banche che si impegnano in attività di titolarizzazione, al fine di ridurre il rischio di mancato pagamento e aumentare la loro resilienza finanziaria.

Utilizzo degli strumenti derivati

L'utilizzo degli strumenti derivati è una pratica comune nel mondo della finanza e delle banche. Questi strumenti finanziari vengono utilizzati per gestire rischi di mercato, credito, liquidità e tassi di interesse. Gli strumenti derivati traggono il loro valore da un'attività sottostante, come azioni, obbligazioni, valute, materie prime o indici di mercato.

Ci sono diversi tipi di strumenti derivati, come i contratti futures, le opzioni, gli swap e i credit default swap (CDS). I contratti futures consentono di acquistare o vendere un'attività a un prezzo prefissato in una data futura specifica. Le opzioni danno il diritto, ma non l'obbligo, di acquistare o vendere un'attività a un prezzo determinato in una data fissata in anticipo. Gli swap sono contratti di scambio di flussi finanziari tra due parti, mentre i CDS sono contratti di scambio di rischio tra una banca e un cliente.

L'utilizzo degli strumenti derivati può essere molto rischioso, poiché il loro valore dipende dalla performance dell'attività sottostante. Le perdite possono essere considerevoli se l'attività sottostante evolve negativamente. Pertanto, le banche devono gestire questi rischi in modo rigoroso e prudente, utilizzando tecniche di gestione del rischio come la diversificazione, la copertura, la titolarizzazione e la modellazione.

La titolarizzazione è una tecnica di gestione del rischio che consiste nel trasformare attività illiquide in titoli negoziabili sui mercati finanziari. Questa tecnica consente alle banche di liberare capitale vendendo i titoli agli investitori. La modellazione è una tecnica di gestione del rischio che consiste nella simulazione di possibili scenari di mercato per misurare le perdite potenziali.

Gli strumenti derivati possono anche essere utilizzati per speculare sui mercati finanziari. Questo può essere molto redditizio, ma può anche essere molto rischioso. Gli speculatori assumono posizioni sugli strumenti derivati scommettendo sulla futura performance dell'attività sottostante. Le perdite possono essere considerevoli se la scommessa si rivela errata.

Modellazione e stress test

La modellazione e gli stress test sono due strumenti importanti per la gestione del rischio nel settore bancario. La modellazione consiste nell'utilizzare metodi matematici e statistici per prevedere i risultati finanziari futuri della banca in base a diversi scenari economici. Gli stress test sono simulazioni che consentono di valutare la resilienza di una banca di fronte a shock economici estremi.

La modellazione consente alle banche di comprendere meglio i rischi a cui sono esposte e anticipare le fluttuazioni di mercato. Può anche aiutare le banche a identificare opportunità di investimento e ottimizzare il loro portafoglio di asset.

Tuttavia, la modellazione presenta anche limiti e rischi. Si basa su ipotesi e modelli che possono essere imperfetti o inappropriati in determinate situazioni. Può anche portare ad assumere eccessivi rischi se le banche si basano troppo sui risultati dei loro modelli senza considerare altri fattori.

Qui entrano in gioco gli stress test. Consentono di testare la resilienza della banca di fronte a scenari economici estremi, come una crisi finanziaria o una recessione prolungata. Gli stress test possono anche aiutare i regolatori a valutare la solidità finanziaria delle banche e garantire che abbiano sufficienti fondi propri per far fronte a possibili perdite.

Gli stress test sono quindi uno strumento importante per garantire la stabilità finanziaria e la resilienza del settore bancario. Tuttavia, non possono prevedere tutti i possibili rischi e da soli non garantiscono la sicurezza finanziaria di una banca. Pertanto, è importante che le banche adottino un approccio globale ed integrato alla gestione del rischio, utilizzando una combinazione di modellazione, stress test e altre metodologie di valutazione dei rischi.

La banca e la politica monetaria

Ruolo delle banche centrali

Le banche centrali sono importanti istituzioni finanziarie
che svolgono un ruolo cruciale nell'economia mondiale. La
loro principale missione è regolare la politica monetaria e
mantenere la stabilità finanziaria.

Le banche centrali hanno diverse funzioni importanti.
Innanzitutto, sono responsabili della creazione e della
regolazione della quantità di moneta in circolazione
nell'economia. Sono anche responsabili della gestione
delle riserve valutarie del Paese. Possono quindi intervenire
sui mercati valutari per mantenere la stabilità del tasso di
cambio.

Inoltre, le banche centrali hanno un ruolo importante nel
mantenimento della stabilità finanziaria. Sono incaricate
di monitorare il sistema finanziario e adottare misure per
prevenire crisi finanziarie. In caso di crisi, le banche centrali
possono anche fornire liquidità d'emergenza alle banche per
evitare una contagione all'intero sistema finanziario.

Le banche centrali hanno anche il compito di mantenere
la stabilità dei prezzi. A tale scopo, utilizzano strumenti di
politica monetaria come i tassi di interesse e le operazioni
di mercato aperto per regolare l'offerta di moneta
nell'economia. Un'alta inflazione può avere conseguenze
negative sull'economia, riducendo il potere d'acquisto
della popolazione e aumentando i costi di produzione delle

imprese.

Le banche centrali sono anche responsabili della supervisione e della regolamentazione delle banche commerciali. Devono garantire il rispetto degli standard di solvibilità e liquidità da parte delle banche per garantire la loro stabilità finanziaria. Possono anche adottare misure per prevenire rischi sistemici come il rischio di contagio tra le banche.

Infine, le banche centrali svolgono un ruolo importante nelle relazioni internazionali. Sono spesso coinvolte nelle negoziazioni sui tassi di cambio e sulle politiche economiche internazionali. Le banche centrali collaborano anche strettamente con altre banche centrali per mantenere la stabilità finanziaria a livello globale.

Strumenti di politica monetaria

La politica monetaria è uno strumento principale di cui dispongono le banche centrali per raggiungere i loro obiettivi di stabilità dei prezzi e crescita economica. Consiste nell'utilizzo di diversi strumenti per influenzare la quantità di moneta in circolazione, i tassi di interesse e le condizioni di finanziamento dell'economia.

Le banche centrali possono utilizzare diversi strumenti per perseguire la loro politica monetaria. Il primo e il più conosciuto è il tasso di interesse principale, che è il tasso a cui le banche commerciali possono prendere in prestito denaro dalla banca centrale. Modificando questo tasso, le banche centrali possono influenzare il costo del credito e quindi l'attività economica.

Un altro strumento importante sono le operazioni di mercato aperto, che consistono nell'acquisto o nella vendita di titoli di debito pubblico sul mercato finanziario. Acquistando titoli, la banca centrale inietta denaro nell'economia, mentre vendendo titoli ne ritira denaro.

Le banche centrali possono anche utilizzare vincoli di riserva obbligatori per influenzare la quantità di liquidità che le banche commerciali devono mantenere in riserva rispetto ai propri depositi. Aumentando questi vincoli, le banche centrali possono ridurre la quantità di liquidità disponibile per i prestiti e quindi rallentare l'attività economica.

Infine, le banche centrali possono anche utilizzare politiche comunicative per influenzare le aspettative degli operatori economici. Ad esempio, annunciando obiettivi futuri per i tassi di interesse o facendo dichiarazioni sulla loro politica futura, le banche centrali possono influenzare il comportamento degli attori economici e orientare l'attività economica nella direzione desiderata.

È importante notare che le banche centrali devono tenere conto di numerosi fattori quando prendono decisioni sulla loro politica monetaria, come l'inflazione, la crescita economica, il tasso di disoccupazione e le condizioni del mercato finanziario. Di conseguenza, la loro politica monetaria può essere complessa e difficile da capire per i non addetti ai lavori.

Impatto della politica monetaria sulle banche

L'impatto della politica monetaria sulle banche è un argomento cruciale per comprendere il funzionamento del sistema bancario nel suo complesso. Infatti, le banche sono fortemente influenzate dalle decisioni delle banche centrali in materia di politica monetaria. In questa sezione, esamineremo come la politica monetaria influisce sulle banche e come possono rispondere ad essa.

La politica monetaria è uno dei principali strumenti di cui dispongono le banche centrali per regolare l'economia. Consiste in azioni volte ad adeguare i tassi di interesse e la quantità di moneta in circolazione al fine di mantenere la stabilità economica. Le banche centrali possono aumentare o ridurre i tassi di interesse in base alla situazione economica, cosa che può avere un impatto significativo sulle banche.

Quando i tassi di interesse aumentano, l'indebitamento diventa più costoso per le banche. Ciò può ridurre la loro capacità di concedere prestiti, causando una diminuzione del fatturato e dei profitti. Inoltre, un aumento dei tassi di interesse può rendere più difficile il rimborso dei prestiti esistenti per gli acquirenti, causando un aumento dei default. Di conseguenza, le banche possono affrontare un aumento delle perdite legate ai prestiti, che può influire sulle loro condizioni finanziarie.

Al contrario, quando i tassi di interesse diminuiscono, ciò può stimolare l'indebitamento e la crescita economica. Ciò può anche aumentare i profitti delle banche, poiché possono concedere prestiti a tassi più bassi e ottenere rendimenti più elevati sugli investimenti in obbligazioni. Tuttavia, una diminuzione dei tassi di interesse può anche comportare un aumento dei rischi per le banche, in quanto potrebbero essere tentate di concedere prestiti a debitori ad alto rischio per ottenere rendimenti più elevati.

Le banche possono rispondere all'impatto della politica monetaria in diversi modi. Possono adeguare i loro tassi di prestito per riflettere i cambiamenti nei tassi di interesse della banca centrale. Possono anche modificare il loro portafoglio di prestiti per ridurre i rischi legati alle fluttuazioni dei tassi di interesse. Inoltre, possono rivolgersi ad altre fonti di finanziamento, come i mercati dei capitali, per ottenere fondi a tassi di interesse competitivi.

Infine, le banche possono affidarsi agli strumenti derivati per proteggersi dalle fluttuazioni dei tassi di interesse. Gli strumenti derivati sono strumenti finanziari che consentono alle banche di trasferire i rischi legati alle fluttuazioni dei tassi di interesse ad altre parti. Ciò può contribuire a ridurre l'esposizione delle banche ai rischi dei tassi di interesse e mantenere la loro redditività.

Relazione tra politica monetaria e stabilità finanziaria

La politica monetaria e la stabilità finanziaria sono strettamente collegate. La politica monetaria è l'insieme di misure messe in atto dalle banche centrali per influenzare la quantità di moneta in circolazione e i tassi di interesse nell'economia. L'obiettivo principale della politica monetaria è mantenere la stabilità dei prezzi, cioè un basso e stabile livello di inflazione. Tuttavia, le azioni delle banche centrali possono anche avere impatti significativi sulla stabilità finanziaria.

La stabilità finanziaria si riferisce alla capacità del sistema finanziario di resistere agli shock economici e prevenire le crisi finanziarie. La stabilità finanziaria è fondamentale per garantire il corretto funzionamento dell'economia e per evitare le conseguenze disastrose delle crisi finanziarie, come fallimenti bancari, recessioni economiche e disoccupazione di massa.

La politica monetaria può avere un impatto sulla stabilità finanziaria in diversi modi. Innanzitutto, le decisioni di politica monetaria possono influenzare la volatilità dei prezzi degli attivi finanziari come azioni, obbligazioni e valute. I cambiamenti nei tassi di interesse possono anche influenzare la solvibilità delle imprese e delle famiglie, con conseguenze per la stabilità finanziaria.

Inoltre, la politica monetaria può anche influenzare il comportamento degli attori del mercato finanziario come investitori, banche e istituzioni finanziarie. Ad esempio, tassi di interesse bassi possono spingere gli investitori a prendere rischi e investire in attività più rischiose per ottenere maggiori rendimenti. Ciò può portare a un aumento della volatilità del mercato finanziario e aumentare il rischio di crisi finanziaria.

Inoltre, la politica monetaria può avere implicazioni per la regolamentazione e la sorveglianza del sistema finanziario. I regolatori devono monitorare attentamente l'impatto delle misure di politica monetaria sulla stabilità finanziaria e adottare misure per mitigare i rischi.

Infine, la coordinazione tra politica monetaria e politica macroprudenziale è fondamentale per mantenere la stabilità finanziaria. La politica macroprudenziale è l'insieme di misure adottate per mitigare i rischi sistemici nel sistema finanziario. Ciò include la regolamentazione e la sorveglianza delle banche, la gestione dei rischi di liquidità e la vigilanza sull'andamento dei prezzi degli asset. La coordinazione tra la politica monetaria e la politica macroprudenziale è fondamentale per garantire la stabilità finanziaria.

Le banche e i mercati finanziari

Introduzione ai mercati finanziari e al loro ruolo

I mercati finanziari sono luoghi in cui vengono scambiate securities finanziarie come azioni, obbligazioni, prodotti derivati e valute. Questi mercati svolgono un ruolo cruciale nell'economia, poiché consentono alle imprese, ai governi e agli individui di finanziare i loro progetti ottenendo capitali dagli investitori. Offrono anche agli investitori un modo per diversificare il loro portafoglio e ottenere guadagni investendo in securities che hanno un potenziale valore di crescita.

I mercati finanziari si sono evoluti nel tempo per diventare sistemi complessi interconnessi all'economia globale. Sono composti da diverse istituzioni finanziarie come borse valori, broker, banche d'investimento e fondi pensione. Queste istituzioni facilitano gli scambi finanziari tra i vari attori del mercato.

Il ruolo principale dei mercati finanziari è facilitare la circolazione di denaro e securities finanziarie. Consentono alle imprese di raccogliere fondi emettendo azioni o obbligazioni, che vengono successivamente acquistate dagli investitori. I governi possono anche raccogliere fondi emettendo obbligazioni di stato.

I mercati finanziari sono inoltre un mezzo per trasferire rischi. Gli investitori possono acquistare prodotti derivati per coprirsi dai rischi di mercato come variazioni dei tassi di interesse o fluttuazioni dei prezzi delle materie prime. Le banche

d'investimento possono anche acquistare prodotti derivati
per trasferire i rischi dei loro portafogli ad altri investitori.

I mercati finanziari hanno anche un ruolo importante nella
determinazione dei prezzi degli assets finanziari. I prezzi sono
determinati dall'offerta e dalla domanda e sono influenzati da
numerosi fattori come dati economici, eventi politici, eventi
globali e comunicazioni aziendali. Gli investitori possono
utilizzare l'analisi tecnica e l'analisi fondamentale per
valutare gli assets e prendere decisioni di investimento.

Strumenti finanziari e prodotti derivati

Gli strumenti finanziari e i prodotti derivati sono strumenti
finanziari complessi che hanno rivoluzionato il mondo della
finanza negli ultimi decenni. I prodotti derivati sono contratti
finanziari il cui valore dipende da un asset sottostante come
azioni, valute, materie prime o tassi di interesse. Gli strumenti
finanziari sono titoli di debito negoziabili come azioni,
obbligazioni, certificati di investimento, warrant e opzioni.
Le banche sono attori chiave sui mercati di questi strumenti
finanziari e prodotti derivati.

I prodotti derivati offrono numerosi vantaggi agli investitori
come la possibilità di proteggersi dalle fluttuazioni dei
prezzi, speculare sulle variazioni di valore degli asset
sottostanti, diversificare il proprio portafoglio e massimizzare
i rendimenti. Tuttavia, questi strumenti finanziari sono
anche molto rischiosi in quanto possono causare perdite
significative e persino crisi finanziarie.

La crisi finanziaria del 2008 ha evidenziato i rischi legati all'uso eccessivo dei prodotti derivati, in particolare i CDS (swap di credito) che hanno contribuito al fallimento di alcune grandi banche. Da allora, i regolatori hanno adottato misure per limitare i rischi correlati a questi strumenti finanziari, ad esempio rafforzando i requisiti patrimoniali e imponendo limiti sulle posizioni delle banche.

Gli strumenti finanziari, d'altra parte, sono stati ampiamente utilizzati dalle imprese per raccogliere fondi e finanziarsi a costi inferiori. Le azioni sono strumenti finanziari che rappresentano una partecipazione di proprietà in un'azienda e offrono diritti come il diritto di voto e il diritto a un dividendo. Le obbligazioni, al contrario, sono titoli di debito che rappresentano un debito da ripagare all'investitore. Le banche possono emettere questi strumenti finanziari per finanziare le loro attività o venderli ai clienti.

Le banche svolgono anche un ruolo importante nei mercati dei capitali, dove agiscono come intermediari, market maker e sottoscrittori di emissioni di azioni e obbligazioni. Le banche possono anche investire in fondi comuni di investimento e società di private equity per generare rendimenti per i loro clienti.

Infine, l'uso di tecnologie digitali e innovazioni come la blockchain e i smart contract potrebbero trasformare radicalmente i mercati degli strumenti finanziari e dei prodotti derivati. Pertanto, le banche devono continuare a seguire da vicino questi sviluppi tecnologici per rimanere competitive e offrire servizi innovativi ai loro clienti.

Interazione tra banche e mercati finanziari

L'interazione tra banche e mercati finanziari è stretta e complessa. Le banche hanno legami stretti con i mercati finanziari in quanto svolgono ruoli chiave come intermediari finanziari, emittenti di debiti e azioni, prestatori e investitori. I mercati finanziari, dall'altra parte, forniscono liquidità e fonti di finanziamento alle banche.

Le banche interagiscono con i mercati finanziari in diversi modi. In primo luogo, le banche possono essere attive sui mercati finanziari acquistando e vendendo securities finanziarie come azioni, obbligazioni, valute e prodotti derivati. In secondo luogo, le banche emettono debiti sui mercati finanziari vendendo obbligazioni, titoli di debito negoziabili e altri strumenti di debito. In terzo luogo, le banche possono concedere prestiti a imprese o individui utilizzando fondi raccolti sui mercati finanziari.

I mercati finanziari possono anche influenzare le banche in diversi modi. Le fluttuazioni dei prezzi sui mercati finanziari possono avere un impatto significativo sui portafogli di securities delle banche e sui loro risultati finanziari. Ad esempio, le variazioni dei tassi di interesse possono influenzare il valore degli attivi e dei passivi delle banche e quindi il loro risultato netto. Le fluttuazioni dei cambi valutari possono anche avere un impatto significativo sui risultati finanziari delle banche che operano su mercati internazionali.

Le banche e i mercati finanziari possono essere interdipendenti, ma ciò non significa che siano sempre in armonia. Le crisi finanziarie possono emergere quando

banche e mercati finanziari sono colpiti contemporaneamente
da shock esterni. Ad esempio, la crisi finanziaria globale
del 2008 è stata innescata dal fallimento di grandi banche
d'investimento e ha causato una crisi di liquidità sui mercati
finanziari.

Le banche d'investimento e le loro attività

Le banche d'investimento sono istituzioni finanziarie che
forniscono servizi di consulenza sugli investimenti e servizi
di sottoscrizione di emissioni di titoli per aziende, governi e
istituzioni finanziarie. Questi servizi sono finalizzati ad aiutare
i clienti a raccogliere capitali sui mercati finanziari, gestire i
rischi finanziari e acquisire o vendere securities finanziarie.

Le banche d'investimento si distinguono dalle banche
commerciali per la loro focalizzazione sulle attività di
mercato, piuttosto che su prestiti e depositi. Spesso lavorano
con clienti che hanno esigenze finanziarie più sofisticate,
come grandi imprese, hedge fund e investitori istituzionali.

Le attività delle banche d'investimento includono consulenza
sugli investimenti, gestione degli assets, trading di securities,
sottoscrizione di emissioni di securities e creazione di
prodotti finanziari strutturati. La consulenza sugli investimenti
consiste nel fornire raccomandazioni ai clienti su come
gestire il loro portafoglio e prendere decisioni di investimento.
La gestione degli assets implica la gestione di portafogli di
investimento per clienti come fondi pensione o investitori
istituzionali.

Il trading di securities consiste nell'acquisto e nella vendita
di securities sui mercati finanziari per generare profitti per
la banca d'investimento. La sottoscrizione di emissioni di
securities consiste nell'aiutare i clienti a emettere nuove
securities sui mercati finanziari trovando acquirenti per
tali securities. La creazione di prodotti finanziari strutturati
implica la progettazione e la vendita di prodotti finanziari
complessi come i credit derivatives, che possono essere
utilizzati per coprire rischi finanziari.

Le banche d'investimento sono state anche coinvolte in
attività controverse come la cartolarizzazione di mutui
ipotecari, che ha contribuito alla crisi finanziaria del 2008.
Dopo tale crisi, i regolatori hanno imposto restrizioni più
severe sulle attività delle banche d'investimento.

Le innovazioni tecnologiche e il loro impatto sul settore bancario

La crescita delle fintech

Negli ultimi anni, le fintech hanno assunto un ruolo di rilievo nell'industria finanziaria. Le fintech sono start-up tecnologiche che utilizzano la tecnologia per offrire servizi finanziari innovativi ai consumatori. Queste aziende hanno sconvolto il tradizionale mercato finanziario offrendo servizi più rapidi, efficienti e accessibili rispetto alle banche tradizionali.

Le fintech hanno creato app mobili user-friendly che permettono agli utenti di gestire il proprio denaro in tempo reale, effettuare trasferimenti bancari istantanei, investire in borsa e gestire il proprio portafoglio in tutta sicurezza. Le fintech hanno inoltre sviluppato tecnologie all'avanguardia come l'intelligenza artificiale e la blockchain per offrire servizi di prestito, assicurazioni e pagamenti più rapidi e accessibili.

Queste innovazioni hanno cambiato non solo il modo in cui vengono offerti i servizi finanziari, ma hanno anche creato una concorrenza per le banche tradizionali. Le fintech sono riuscite ad attirare clienti grazie alla loro offerta di servizi più innovativi e personalizzati, e spesso a tariffe inferiori rispetto alle banche tradizionali. I consumatori possono ora accedere a servizi finanziari senza necessariamente recarsi in una filiale fisica.

Tuttavia, le fintech non sono prive di rischi. I consumatori devono essere consapevoli dei rischi legati all'utilizzo di tali servizi, come la sicurezza dei dati, la frode e il rischio di perdere denaro. Gli organismi di regolamentazione finanziaria hanno adottato provvedimenti per supervisionare le attività delle fintech al fine di proteggere i consumatori e garantire la stabilità finanziaria.

Nonostante i rischi, le fintech continuano a guadagnare popolarità e sono diventate un motore di innovazione nell'industria finanziaria. Le banche tradizionali sono ora obbligate ad innovare per rimanere competitive e soddisfare le esigenze dei propri clienti. Le fintech hanno anche creato nuovi modelli economici, che hanno dato vita a partnership tra le banche tradizionali e le fintech, per offrire servizi finanziari più innovativi ed efficienti.

La digitalizzazione dei servizi bancari

La digitalizzazione dei servizi bancari è uno dei principali cambiamenti in corso nell'industria bancaria. I progressi tecnologici hanno permesso lo sviluppo di nuove soluzioni di pagamento, nuove offerte di servizi finanziari, nuovi canali di comunicazione e nuovi modi di gestire il patrimonio. Questa digitalizzazione si è estesa a tutte le attività bancarie, dall'apertura di un conto alla gestione del rischio.

La digitalizzazione dei servizi bancari ha reso l'accesso ai servizi finanziari più facile, più rapido e più sicuro per i clienti. Le banche tradizionali hanno iniziato a offrire app mobili per facilitare la gestione del conto, i pagamenti online e la consultazione dello storico delle transazioni. Queste app hanno semplificato i processi di sottoscrizione e offrono offerte di servizi più adattate alle esigenze dei clienti.

Le fintech sono anche emerse come un'alternativa alle banche tradizionali, offrendo servizi bancari esclusivamente online. Queste banche online hanno avuto successo nel conquistare molti clienti grazie a offerte competitive e servizi innovativi. Le banche online offrono servizi personalizzati, offerte di credito più vantaggiose e funzionalità avanzate di gestione del budget.

La digitalizzazione dei servizi bancari ha anche portato all'emergere di nuove soluzioni di pagamento, come il pagamento mobile e la moneta elettronica. Queste nuove soluzioni hanno semplificato i processi di pagamento, ridotto i costi delle transazioni e aumentato la sicurezza delle transazioni. Le soluzioni di pagamento mobile sono diventate popolari tra i consumatori, che ne apprezzano la semplicità e la praticità.

La digitalizzazione dei servizi bancari ha inoltre migliorato la gestione del rischio. Le banche utilizzano ora strumenti sofisticati per valutare il rischio di credito e di mercato, nonché per monitorare attività sospette. Le banche hanno inoltre investito nella sicurezza informatica per proteggere i dati personali dei loro clienti e prevenire frodi.

Infine, la digitalizzazione dei servizi bancari ha allargato l'accesso ai servizi finanziari, in particolare nei paesi in via di sviluppo. Le fintech hanno lanciato iniziative di microfinanza per sostenere le piccole imprese e le popolazioni escluse dal sistema bancario tradizionale. Le banche online e le banche online hanno anche permesso di ridurre i costi delle transazioni e offrire servizi finanziari accessibili a tutti.

Le criptovalute e la blockchain

Le criptovalute e la blockchain sono temi sempre più presenti nel mondo delle finanze e delle banche. Le criptovalute sono valute digitali che sono generalmente decentralizzate e non sono regolate da una banca centrale o un'entità governativa. La blockchain, d'altra parte, è una tecnologia per l'archiviazione e la trasmissione di informazioni che funziona come un grande registro contabile pubblico e decentralizzato.

Sebbene queste tecnologie siano ancora relativamente nuove, hanno il potenziale di rivoluzionare il settore bancario offrendo un'alternativa ai metodi tradizionali di gestione del denaro. Le criptovalute possono offrire maggiore sicurezza e trasparenza, oltre a ridurre i costi per i trasferimenti di denaro e le transazioni transfrontaliere. La blockchain può inoltre offrire una maggiore sicurezza e trasparenza per le transazioni, riducendo i rischi di frodi e pirateria informatica.

Tuttavia, le criptovalute e la blockchain sono anche associate a rischi significativi. Le criptovalute sono ancora relativamente volatili, con fluttuazioni dei prezzi significative e imprevedibili. La natura decentralizzata delle criptovalute significa anche che può essere difficile recuperare fondi persi o rubati. La blockchain è anche vulnerabile ad attacchi informatici, anche se è considerata più sicura dei metodi tradizionali di archiviazione dei dati.

Le banche stanno iniziando a integrare le criptovalute e la
blockchain nelle loro offerte di servizi. Alcune banche hanno
iniziato a offrire conti per gli investitori di criptovalute, nonché
opzioni di pagamento basate sulla blockchain. Alcune banche
utilizzano anche la tecnologia blockchain per la gestione delle
proprie operazioni interne.

Intelligenza artificiale e robotizzazione

L'intelligenza artificiale (IA) e la robotizzazione sono due
argomenti che hanno assunto un ruolo di primo piano nel
settore bancario negli ultimi anni. I progressi tecnologici
hanno permesso alle banche di aumentare l'efficienza e la
redditività automatizzando alcune delle attività ripetitive.

L'IA è una tecnologia che consente alle macchine di imparare
e migliorare in base ai dati che elaborano. Nel settore
bancario, l'IA viene utilizzata per automatizzare attività come
la verifica dell'anagrafica dei clienti, la valutazione del rischio
di credito e il rilevamento delle frodi. Può anche essere
utilizzata per aiutare i clienti a prendere decisioni finanziarie
fornendo loro consigli personalizzati in base al loro profilo e ai
loro obiettivi.

La robotizzazione, d'altra parte, consente di automatizzare
attività più fisiche come la gestione della liquidità e la
manipolazione dei documenti. Permette anche di migliorare
la velocità e l'efficienza dei processi bancari.

Questi progressi tecnologici comportano conseguenze per i
dipendenti delle banche. Infatti, alcune attività che in passato

erano svolte da esseri umani possono ora essere svolte da macchine, il che potrebbe comportare la perdita di posti di lavoro. Tuttavia, l'automazione consente anche ai dipendenti di concentrarsi su attività più complesse e ad alto valore aggiunto.

L'IA e la robotizzazione hanno anche implicazioni per i clienti delle banche. Da un lato, possono consentire alle banche di comprendere meglio le esigenze dei propri clienti e offrire loro prodotti e servizi più adatti. D'altra parte, possono anche comportare una riduzione dei costi, che si traduce in tariffe bancarie più basse per i clienti.

Tuttavia, l'uso dell'IA e della robotizzazione solleva anche questioni etiche e di sicurezza. I dati dei clienti devono essere protetti e gli algoritmi utilizzati per prendere decisioni devono essere trasparenti ed equi.

Le sfide della sicurezza informatica

La sicurezza informatica è una sfida importante per le banche moderne, che devono proteggere i dati dei propri clienti, le transazioni finanziarie e i propri sistemi informatici. Le banche sono un bersaglio privilegiato per hacker e cybercriminali che cercano di sfruttare le vulnerabilità di sicurezza per ottenere informazioni riservate, rubare denaro o interrompere le attività bancarie.

Per affrontare queste minacce, le banche devono implementare misure di sicurezza efficaci, utilizzando tecnologie all'avanguardia per rilevare e prevenire attacchi e formando il proprio personale sulla gestione dei rischi informatici. La sicurezza informatica è una preoccupazione costante per le banche, che devono rimanere vigili di fronte all'evoluzione delle minacce e delle tecnologie.

Le banche devono anche rispettare gli standard e i regolamenti in materia di sicurezza informatica, conformandosi alle direttive degli organismi di regolamentazione nazionali e internazionali. Devono mettere in atto piani di continuità operativa per assicurare la disponibilità dei servizi bancari in caso di incidenti di sicurezza e devono essere trasparenti con i propri clienti sulle misure di sicurezza adottate per proteggere i loro dati.

Le sfide della sicurezza informatica per le banche sono molteplici, dalla protezione della privacy dei clienti alla preservazione della stabilità finanziaria. Le banche devono essere in grado di rilevare e prevenire attacchi informatici, garantendo al contempo la disponibilità dei servizi bancari e la protezione dei dati dei clienti. A tal fine, devono investire in tecnologie all'avanguardia e formare il proprio personale sulla gestione dei rischi informatici.

In breve, la sicurezza informatica è una sfida cruciale per le banche moderne, che devono affrontare una minaccia costante in continua evoluzione. Le banche devono essere in grado di proteggere i loro sistemi informatici, le transazioni finanziarie e i dati dei loro clienti, rispettando gli standard e i regolamenti in materia di sicurezza.

La banca e l'economia internazionale

Le banche nel commercio internazionale

Le banche svolgono un ruolo cruciale nel commercio internazionale, fornendo servizi finanziari essenziali alle imprese e ai governi. Le banche sono spesso coinvolte nel finanziamento del commercio internazionale tramite l'offerta di prodotti come lettere di credito, garanzie e crediti documentari. Le banche sono anche spesso coinvolte nella compensazione dei pagamenti internazionali, facilitando il trasferimento di fondi tra le parti coinvolte nelle transazioni commerciali internazionali.

Le banche possono inoltre aiutare le imprese nella gestione del rischio di cambio tramite l'offerta di prodotti finanziari come contratti futures e opzioni. Questi prodotti permettono alle imprese di proteggersi dalle fluttuazioni dei tassi di cambio e gestire la loro esposizione al rischio di cambio.

Le banche giocano anche un ruolo importante nel finanziamento delle infrastrutture e dei progetti all'estero. Ad esempio, le banche di sviluppo possono fornire finanziamenti per progetti di infrastrutture e di sviluppo nei paesi in via di sviluppo. Le banche commerciali possono anche essere coinvolte nel finanziamento di progetti all'estero tramite l'offerta di prestiti a lungo termine e finanziamenti strutturati.

Le banche sono anche coinvolte nel finanziamento del

commercio internazionale di materie prime come petrolio e metalli. Le banche possono aiutare le imprese a finanziare l'acquisto di materie prime tramite soluzioni di finanziamenti strutturati e agendo come intermediari per contratti futures sulle materie prime.

Tuttavia, le banche sono anche esposte a rischi nel commercio internazionale, come il rischio di credito e il rischio di cambio. Pertanto, le banche devono essere in grado di gestire questi rischi in modo efficace e prudente.

Il ruolo delle banche nelle crisi finanziarie

Il ruolo delle banche nelle crisi finanziarie è un argomento cruciale per comprendere come le banche possono influenzare e contribuire all'instabilità economica. Le crisi finanziarie sono state eventi significativi nella storia economica recente e le banche sono spesso state indicate come una delle principali cause di tali crisi.

Durante le crisi finanziarie, le banche tendono ad essere coinvolte in diverse modalità. Una delle cause principali è l'eccessivo rilascio di crediti. Le banche hanno spesso concesso prestiti a debitori che non potevano ripagarli, creando bolle di credito e debiti eccessivi. Le banche sono state anche coinvolte in attività di speculazione sui mercati finanziari, spesso utilizzando prodotti finanziari complessi come derivati. Le banche sono state anche coinvolte in pratiche di gestione dei rischi inadeguate e poco trasparenti, creando così significativi rischi sistemici per l'economia.

Quando queste bolle di credito si rompono e i rischi si materializzano, le banche possono trovarsi in difficoltà. Se i debitori non riescono a ripagare i loro debiti, le banche possono subire ingenti perdite, che possono portare a fallimenti bancari e crisi finanziarie. Queste crisi possono anche diffondersi a tutto il sistema finanziario, creando così una più ampia crisi economica.

In questo contesto, le banche centrali e gli enti regolatori finanziari hanno un ruolo cruciale da svolgere per mitigare i rischi e gli effetti delle crisi finanziarie. Le banche centrali possono agire come prestatori di ultima istanza per le banche in difficoltà, fornendo liquidità per evitare fallimenti bancari. Gli enti regolatori finanziari possono anche svolgere un ruolo importante nel limitare le pratiche rischiose delle banche e nel richiedere riserve sufficienti per affrontare i rischi.

Tuttavia, è importante sottolineare che le banche non sono le uniche responsabili delle crisi finanziarie. Altri attori, come i governi, gli enti regolatori finanziari e gli investitori, hanno anche un ruolo da svolgere nel prevenire e attenuare gli effetti delle crisi finanziarie.

La politica monetaria e le banche centrali

La politica monetaria è un insieme di misure adottate dalle banche centrali per influenzare la quantità di denaro in circolazione e regolare l'economia. Le banche centrali svolgono un ruolo cruciale nella stabilità finanziaria ed economica di un paese.

Una delle principali funzioni delle banche centrali è controllare l'offerta di denaro in circolazione. Per fare ciò, utilizzano diversi strumenti come l'aggiustamento dei tassi di interesse, l'acquisto e la vendita di titoli di Stato sui mercati e la regolamentazione delle riserve obbligatorie delle banche commerciali. L'obiettivo è influenzare il comportamento degli agenti economici (famiglie, imprese, banche) per favorire la crescita economica limitando al contempo l'inflazione.

L'impatto della politica monetaria sulle banche è considerevole. Infatti, le banche commerciali sono i principali beneficiari delle misure adottate dalle banche centrali. Ad esempio, quando la banca centrale riduce i tassi di interesse, il credito diventa meno costoso, stimolando la domanda di credito e potenzialmente aumentando i depositi bancari. Questo può consentire alle banche di generare maggiori profitti.

Tuttavia, le banche possono anche essere influenzate negativamente dalle misure di politica monetaria. Ad esempio, un aumento dei tassi di interesse può rendere i prestiti più costosi, scoraggiando gli mutuatari e riducendo i depositi bancari. Questo può portare a una diminuzione dei profitti delle banche e influire sulla loro capacità di concedere prestiti.

Le banche centrali svolgono anche un ruolo importante nella stabilità finanziaria. Sono responsabili della supervisione e della regolamentazione delle banche commerciali, nonché della gestione delle crisi bancarie. Le banche centrali mettono in atto politiche di garanzia dei depositi e di risoluzione delle crisi per evitare panici bancari e preservare la fiducia dei depositanti.

La politica monetaria e le banche centrali hanno anche
un ruolo chiave negli scambi internazionali. Le fluttuazioni
dei tassi di cambio possono avere effetti significativi
sull'economia e sul commercio di un paese. Le banche
centrali possono intervenire nei mercati valutari per
stabilizzare i tassi di cambio ed evitare brusche variazioni.

I problemi etici e ambientali

La finanza responsabile e l'investimento socialmente responsabile (ISR)

La finanza responsabile e l'investimento socialmente responsabile (ISR) sono concetti relativamente recenti nel mondo bancario, ma sono sempre più importanti per i consumatori e gli investitori interessati all'impatto sociale e ambientale delle loro scelte finanziarie.

L'investimento socialmente responsabile (ISR) è un approccio all'investimento che mira a investire in aziende che rispettano criteri sociali, ambientali e di governance (ESG). Questo approccio consente di considerare l'impatto delle aziende sulla società e sull'ambiente nella selezione degli investimenti.

Le banche svolgono un ruolo chiave nell'investimento socialmente responsabile, offrendo prodotti e servizi finanziari che tengono conto dei criteri ESG. Le banche possono anche svolgere un ruolo di sensibilizzazione verso i propri clienti, informandoli sui vantaggi dell'investimento socialmente responsabile.

La finanza responsabile è un approccio più ampio che tiene conto dell'impatto delle istituzioni finanziarie sulla società e sull'ambiente. Le banche possono integrare criteri ESG nelle proprie operazioni e strategie di investimento per avere un impatto positivo sulla società e sull'ambiente.

Ad esempio, le banche possono finanziare progetti che hanno un impatto positivo sull'ambiente, come le energie rinnovabili o la protezione della biodiversità. Possono anche impegnarsi a ridurre la propria impronta di carbonio utilizzando energie rinnovabili nelle proprie operazioni e riducendo il consumo energetico.

La finanza responsabile e l'investimento socialmente responsabile non sono solo approcci etici, ma possono anche essere redditizi. Le aziende che rispettano i criteri ESG possono essere più resilienti e performanti nel lungo periodo, in quanto sono più preparate ad affrontare rischi ambientali e sociali.

Le banche e la lotta al cambiamento climatico

Le banche svolgono un ruolo importante nella lotta al cambiamento climatico. Infatti, finanziando progetti rispettosi dell'ambiente, possono contribuire a ridurre le emissioni di gas serra e favorire la transizione verso un'economia più sostenibile.

Tuttavia, le banche sono state a lungo criticate per la mancanza di impegno verso l'ambiente. Oggi, sempre più banche si rendono conto dell'urgenza della situazione e si impegnano a finanziare progetti sostenibili e responsabili.

Queste iniziative possono prendere diverse forme, come l'implementazione di politiche di prestito a favore di progetti verdi, l'investimento in fondi sostenibili o l'implementazione di prodotti finanziari specifici per finanziare la transizione energetica.

Tuttavia, è importante sottolineare che la lotta al cambiamento climatico non deve essere vista come una semplice opportunità commerciale per le banche. È una sfida cruciale per il pianeta e per le future generazioni.

Pertanto, è fondamentale che le banche si impegnino a rispettare rigorosi standard ambientali e ad adottare pratiche sostenibili nelle loro attività quotidiane. Ciò può avvenire attraverso iniziative come la riduzione delle proprie emissioni di gas serra, l'implementazione di politiche di riciclaggio o l'uso di energie rinnovabili.

Infine, è importante sottolineare che la lotta al cambiamento climatico può essere affrontata solo collettivamente. Le banche hanno un ruolo da svolgere, ma è anche cruciale che i governi, le imprese e i cittadini si impegnino a ridurre la propria impronta di carbonio e a sostenere la transizione verso un'economia più sostenibile.

La microfinanza e l'inclusione finanziaria

La microfinanza è uno strumento essenziale per promuovere l'inclusione finanziaria nei paesi in via di sviluppo. Consiste nel fornire servizi finanziari a persone che non hanno accesso ai servizi bancari tradizionali, come prestiti, risparmi e trasferimenti di denaro. I beneficiari della microfinanza sono spesso microimprenditori, piccoli agricoltori e lavoratori autonomi che cercano di sviluppare la propria attività economica o di investire nella propria istruzione o in quella dei propri figli.

La microfinanza è spesso associata alle istituzioni di microfinanza (IMF) che sono organizzazioni che forniscono questi servizi finanziari. Le IMF sono state create per combattere la povertà e per aiutare le persone più svantaggiate a diventare economicamente autonome. Queste istituzioni sono emerse negli anni '70 in America Latina e in Asia e hanno conosciuto una rapida crescita negli ultimi decenni.

Le IMF hanno un impatto significativo sulla vita delle popolazioni vulnerabili nei paesi in via di sviluppo. I prestiti che forniscono permettono agli imprenditori di avviare o sviluppare la propria attività, acquistare attrezzature o fare scorte di prodotti. I risparmi offerti dalle IMF consentono alle persone di mettere da parte denaro per i momenti difficili e di investire nel proprio futuro. I trasferimenti di denaro permettono ai lavoratori migranti di sostenere le loro famiglie rimaste nel loro paese d'origine.

La microfinanza ha anche un impatto positivo sulla società nel suo complesso. Contribuisce a ridurre la povertà, a creare posti di lavoro e a stimolare l'economia locale. Rafforza anche la fiducia delle persone nelle istituzioni finanziarie e facilita l'accesso ad altri servizi finanziari come assicurazioni e crediti per le grandi imprese.

Tuttavia, la microfinanza non è priva di rischi. Le IMF devono affrontare sfide come il rimborso dei prestiti, la gestione dei rischi, il finanziamento della propria crescita e la regolamentazione. Devono anche dimostrare trasparenza e responsabilità per garantire la fiducia degli investitori e dei beneficiari.

Nonostante queste sfide, la microfinanza continua a svilupparsi e ad avere un impatto positivo sulle popolazioni vulnerabili nei paesi in via di sviluppo. È diventata uno strumento essenziale per promuovere l'inclusione finanziaria e consentire a coloro che ne hanno bisogno di realizzare il proprio potenziale economico.

Prospettive future per il settore bancario

Le sfide e opportunità per le banche tradizionali

Le banche tradizionali si trovano di fronte a molte sfide e opportunità in un ambiente economico e tecnologico in continua evoluzione. Tra le sfide per le banche tradizionali ci sono la crescente concorrenza delle banche digitali e delle fintech, l'evoluzione della regolamentazione, le pressioni sui margini e la necessità di continuare a innovare per rispondere alle esigenze dei clienti.

La crescente concorrenza delle banche digitali e delle fintech è una delle sfide principali per le banche tradizionali. Le banche digitali e le fintech hanno costi operativi inferiori e spesso sono più agili nel rispondere alle esigenze dei clienti. Offrono inoltre prodotti e servizi innovativi che attraggono clienti in cerca di un'esperienza bancaria più personalizzata e digitale.

Un'altra sfida per le banche tradizionali è l'evoluzione della regolamentazione. Le normative stanno diventando sempre più rigorose, rendendo difficile per le banche tradizionali mantenere la redditività rispettando gli standard di conformità. Le banche devono essere in grado di seguire le nuove regole, garantendo al contempo che il rispetto delle norme non le ostacoli nell'innovare e nell'offrire prodotti e servizi competitivi.

Le pressioni sui margini rappresentano anche una sfida per le banche tradizionali. I margini delle banche tradizionali sono sotto pressione a causa della riduzione dei tassi di interesse, della crescente concorrenza e dei costi elevati di conformità. Le banche devono essere in grado di gestire i costi pur mantenendo margini sani.

Tuttavia, le banche tradizionali hanno anche opportunità da cogliere. Una di queste opportunità è la capacità di offrire prodotti e servizi complementari ai clienti. Le banche tradizionali hanno una relazione consolidata con i loro clienti e possono sfruttare questa relazione per offrire servizi come la gestione patrimoniale, i mutui ipotecari e le assicurazioni. Ciò consente alle banche di diversificare le proprie fonti di reddito e mantenere margini sani.

Le banche tradizionali hanno anche l'opportunità di adattarsi all'evoluzione delle tecnologie. Le banche possono utilizzare l'intelligenza artificiale, la blockchain e altre tecnologie per migliorare l'efficienza operativa, offrire servizi più personalizzati e migliorare l'esperienza del cliente. Le banche tradizionali possono anche sfruttare i dati dei clienti per migliorare i propri servizi e prodotti.

Il futuro delle banche di fronte alle evoluzioni tecnologiche

Il futuro delle banche è strettamente legato alla rapida evoluzione della tecnologia. Le tecnologie finanziarie (fintech) e i giganti della tecnologia come Google, Apple, Facebook, Amazon (GAFA) stanno rivoluzionando il settore bancario tradizionale. Le banche si trovano di fronte a una crescente concorrenza e devono adattarsi rapidamente alle evoluzioni tecnologiche per rimanere competitive. In questa sezione, esamineremo le principali tendenze e le sfide che le banche affronteranno nei prossimi anni.

Innanzitutto, la digitalizzazione sta trasformando radicalmente il modo in cui le banche interagiscono con i propri clienti. I servizi bancari online e mobili sono sempre più popolari, consentendo ai clienti di gestire i propri conti e effettuare transazioni da qualsiasi luogo e in qualsiasi momento. Le banche devono investire in piattaforme digitali solide e facili da usare per rispondere alle esigenze dei propri clienti.

Inoltre, le banche devono prepararsi all'arrivo di nuove tecnologie disruptive come la blockchain e le criptovalute. La blockchain, una tecnologia di registro distribuito che consente transazioni decentralizzate e trasparenti, ha il potenziale per ridurre notevolmente i costi e i tempi di elaborazione delle transazioni. Le banche devono esplorare le opportunità offerte dalla blockchain e dalle criptovalute, gestendo al contempo i rischi associati a queste tecnologie emergenti.

Le banche devono anche investire nell'intelligenza artificiale (IA) e nell'apprendimento automatico per migliorare le proprie capacità di elaborazione dei dati. Gli algoritmi di intelligenza artificiale possono aiutare le banche a rilevare frodi, valutare i rischi di credito e personalizzare le offerte di prodotti e servizi per i propri clienti. Tuttavia, le banche devono anche essere consapevoli dei rischi associati all'uso dell'IA, come la discriminazione algoritmica e il bias.

Infine, le banche devono concentrarsi sulla sicurezza informatica per proteggere i dati dei propri clienti e prevenire violazioni dei dati. Gli attacchi informatici sono sempre più sofisticati e le banche devono investire in tecnologie all'avanguardia per proteggere i propri sistemi e dati.

Le nuove tendenze e i modelli di business emergenti

Le nuove tendenze e i modelli di business emergenti nel settore bancario sono in continua evoluzione e influenzano il modo in cui le banche interagiscono con i propri clienti e gestiscono le proprie attività. Gli avanzamenti tecnologici sono al centro di questi cambiamenti, consentendo alle banche di offrire servizi più efficienti e personalizzati. Ecco alcune tendenze chiave da prendere in considerazione:

La banca online: Le banche online hanno rivoluzionato il settore bancario offrendo un'alternativa conveniente alle banche tradizionali. Offrendo servizi interamente online, queste banche hanno eliminato le restrizioni geografiche e hanno permesso ai clienti di gestire i propri conti e effettuare transazioni da qualsiasi parte del mondo.

Intelligenza artificiale e automazione: Le banche stanno sempre più utilizzando l'intelligenza artificiale per automatizzare i processi di elaborazione dei dati e per analizzare i dati dei clienti al fine di fornire prodotti e servizi più personalizzati. I chatbot e altri assistenti virtuali vengono anche utilizzati per rispondere alle richieste dei clienti in tempo reale.

Blockchain: La tecnologia blockchain consente alle banche di trasferire fondi in modo sicuro senza dover passare per intermediari di fiducia come le banche centrali. Le banche possono così ridurre i costi delle transazioni e accelerare i tempi di elaborazione.

Pagamenti mobili: I pagamenti mobili stanno diventando la norma in molti paesi. Le banche offrono app mobili che consentono ai clienti di effettuare transazioni in modo sicuro dal loro smartphone.

Banche digitali: Le banche digitali sono startup che offrono servizi bancari innovativi, come conti correnti gratuiti e carte di credito personalizzate. Queste nuove imprese stanno sconvolgendo il settore bancario tradizionale offrendo soluzioni più flessibili e meno costose.

Partnership banche/fintech: Le banche stanno sempre più collaborando con aziende di fintech per offrire servizi innovativi ai propri clienti. Le fintech portano competenze tecnologiche che le banche possono utilizzare per migliorare i propri servizi, mentre le banche offrono una base di clienti e competenze finanziarie.

Offerte di investimento automatizzate: Le banche stanno sempre più offrendo offerte di investimento automatizzate, chiamate «robo-advisor». Questi servizi utilizzano algoritmi per analizzare i dati dei clienti e proporre investimenti personalizzati.

Ringraziamenti

Cari lettori,

Innanzitutto, desidero ringraziarvi per aver dedicato del tempo alla lettura di questo libro. Spero che quest'opera vi abbia permesso di scoprire e comprendere meglio il mondo affascinante delle banche.

Desidero anche ringraziare tutti i professionisti del settore bancario e finanziario che hanno contribuito alla stesura di questo libro condividendo la propria esperienza e competenza. Le vostre conoscenze e la vostra passione per il tema sono state fonte di ispirazione e arricchimento per questa opera.

Sono convinto che la comprensione dei meccanismi bancari e finanziari sia fondamentale per capire il funzionamento dell'economia globale e prendere decisioni informate nella vita di tutti i giorni.
Inoltre, desidero esprimere la mia gratitudine a tutte le fonti consultate che hanno servito da riferimento per la stesura di questo libro. Queste fonti hanno contribuito a supportare gli argomenti presentati e garantire la qualità e l'affidabilità delle informazioni presentate.

In conclusione, spero che abbiate apprezzato la lettura di questo libro tanto quanto ho apprezzato la sua stesura. Vi auguro un'ottima continuazione e vi invito a continuare ad informarvi sul mondo bancario e finanziario, un settore in continua evoluzione.

Cordiali saluti.